ヒューマン
フィールドワークス

最新講義
アフォーダンス
地球の心理学

Latest Lectures
on Affordance
Terrestrial Psychology

佐々木正人
Sasaki Masato

学芸みらい社
GAKUGEI MIRAISHA

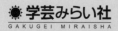

最新講義　アフォーダンス　地球の心理学

まえがき

本書には美術大学でのオムニバス講義で、著者が担当したレクチャーを収めました。今年度の受講生は、油画、日本画、グラフィック、メディア、プロダクト、テキスタイル、環境デザイン、統合デザイン学科に所属していました。わたしの専門はパーセプション、見る、触る、聞くなどです。アート系の皆さんに何を話そうかと考えました。

美大は卒業時に論文ではなく、作品を制作します。テーマは自由です。所属する統合デザイン学科では4年の秋に全教員を前に、作品のアイデアをプレゼンする批評会があります。つくりたい作品のイメージを伝えるのは難しいようです。プランの定まらない発表もあります。そして4カ月後には、「卒業制作展」が開催されます。

卒制展の広い会場に並んでいる作品を見ながらまわっていると、秋のプレゼンのレベルを大きく超えた凄い作品があって、驚かされることがあります。毎年、そのレベルの作品が少数ですがあらわれます。

この経験から、アート制作の結果は予測できない、作品はかたちになる過程で、誰も見たことのないオリジナルになることを知りました。そこで講義では、自分の領域のオリジナルな発見について話すことにしました。

ダーウィンは19世紀に、ギブソンは20世紀に、誰も知らなかったことを著しました。2人の仕事は人々の知をジャンプさせました。その内容を知ることは、ジャンルを問わず、あらゆる領域の若者が試みている小さなジャンプを、後押ししてくれると考えました。

ビジュアル（写真や図）をたくさんレイアウトした、短いセクションからなる7つのレクチャーは、ギブソンのアフォーダンスが5回。ダーウィンの多様な仕事を紹介した2回です。

途中で、思いがけなく「地球の心理学」という言葉が巡りはじめました。そこで、本のタイトルを「アフォーダンス 地球の心理学」にしました。

ビーグル号の5年間で地球を一周したダーウィン。飛行するパイロットの見ている世界から、新しい視覚論のアイデアを得たギブソン。2人は「地球の規模」を知っていました。「地球の心理学」とは何か。読者にも、レクチャーを読み進めながら考えてもらえれば幸いです。

佐々木正人

＊本書引用文中の〔　〕内は著者による補足です。

最新講義

アフォーダンス　地球の心理学

目次

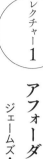

レクチャー3

水と空気の情報

レクチャー4

生態光学——新しい視覚理論

レクチャー5

面のレイアウト

レクチャー6

エコロジカル——ダーウィンの発見　129

レクチャー1

アフォーダンス?

ジェームズ・ギブソン

エコロジカル・サイコロジーについて話します。「エコロジー」は生態学のことです。それに心理学がついた「生態心理学」。その中心に、「アフォーダンス（affordance）」があります。本書はアフォーダンスについて、7回のレクチャーを収めました。テーマはいろいろですが、どれもアフォーダンスの入口です。どこから読んでも大丈夫です。

アフォーダンスという言葉は、アメリカの心理学者ジェームズ・ギブソン（1904–1979）がつくりました。ギブソンはオハイオ州生まれ。プリンストン大学で学位取得後、研究者になりました。長く、ニューヨーク州のコーネル大学で教えました。

ギブソンと交流した皆さんは、チャーミングな人だったといいます【図1】。図2の右は妻のエレノア・ギブソンです。国際生態心理

図1　ジェームズ・J・ギブソン

図2　ギブソン夫妻

学会（International Society for Ecological Psychology）ホームページで、「Gibson Lecture」をクリックすると、ギブソンの話す講義が聴けます。

エレノア・ギブソン

図3はこどもに囲まれて、子ヤギを抱くエレノアです。ギブソンと結婚後にイェール大学で学位取得。コーネル大学研究員の頃、図4の装置で実験しました[1]。ハイハイするあかちゃんが、透明で厚いガラス板の上にいます。写真手前のガラスの

図3　エレノアと2人のこども

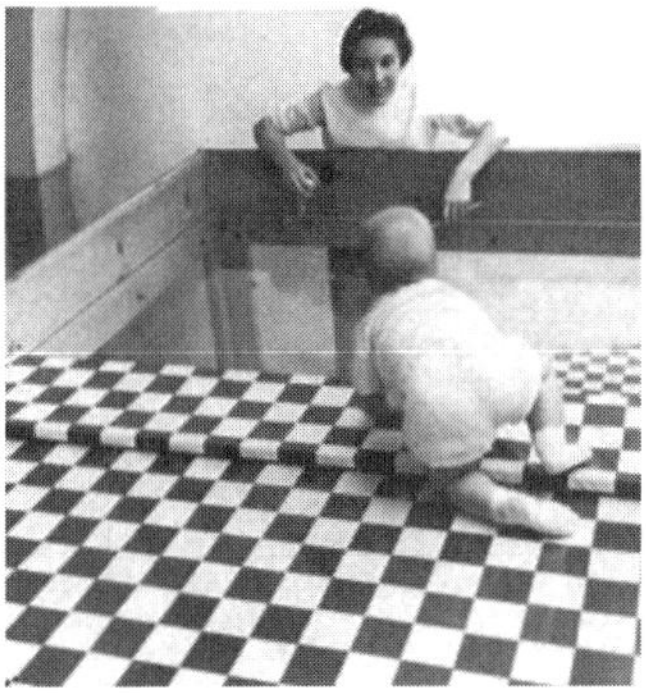

図4　視覚的な崖実験

下には肌理《きめ》を描いた台があります。写真で、乳児がいる縁の先も同じガラス床が続いていますが、縁から先は肌理が約1メートル下に見えます。ここは「視覚的な崖（visual cliff）」になっているわけです。

向こう側で、「こちらへいらっしゃい」と母親が声をかけても、乳児は縁のところで止まったままです。越えて行きませんでした。生まれたばかりの子ヤギやヒヨコ、生まれてからずっと暗闇の中で育った子ネズミも同様に縁で止まりました。

この結果は、動物が誕生直後に「三次元（奥行）」を見ている証拠だとして、多くの心理学の教科書に掲載されました。

夫のジェームズは、「奥行を見るのではない、生まれたばかりの動物たちが見たのは崖のレイアウトである。動物は縁で、『落下のアフォーダンス』に気づくのだ」としました(2)（邦訳書、173ページ）。

ギブソン3つの著作

ギブソンは、多くの学会誌論文に加えて、著書を3冊残しました。本が多くの人に読まれることで、ギブソンのアイデアは広く知られるようになりました。

最初の本は1950年に出版した『*The Perception of the Visual World*』（邦訳『視覚ワールドの知覚』）です。[3]

この本は、「モノの背景にサーフェス（表面）がなければ、空間の知覚はない」。つまり視覚は地面など、周囲にある面と、面にある肌理《テクスチャー》に基礎を置くとしています。眼の仕組みから視覚を説明することをやめて、表面のレイアウトである"visual world"（視覚世界）で視覚を考えようと提案している本です。このアイデアは「大地（地面）説」（ground theory）と呼ばれています。

第2の本は1966年の『*The Senses Considered as Perceptual Systems*』（邦訳『生態学的知覚システム』）です。[4]

この本では、何かを知るための知覚の情報は、眼、耳、鼻、口、皮膚に入力する瞬時の刺激からではなく、まわりの面のレイアウトを見まわす、空気に満ちている振動に囲まれる、モノや場所の匂いを嗅ぎまわる、口での触り心地と鼻へ抜ける匂いで食物を味わう、手に持ったモノのかたちを手と腕を振って探るなどのように、身体がその都度つながる活動から得られるとしました。知覚する身体の活動は、「知覚システム」と名付けられました。アフォーダンスという言葉は、この本ではじめて登場します。

最後の本が、『*The Ecological Approach to Visual Perception*』（邦訳『生態学的視覚論』）です。ギブソンはこの本で、オリジナルな視覚理論を示しました。生涯をかけた長い思考をまとめた本です。(5)

ギブソンのノートが、在籍したコーネル大学図書館のアーカイブに残されています。ノートからは、この本の構想が1970年代に入って深まったことがわかります。晩年のギブソンと交流した研究者はインタビューに答えて、「ギブソンのアイデアの多くは、自分の過去の著作に、自分でコメントすることで発展した。自分の本に、自分のコメントがぎっしりと書き込まれていた。アイデアの発端の多くは、自分がこれまで書いたものについて考えることから生まれたものだった」、「ギブソンの生涯は、絶え間のない自己修正の連続だったように思う」と話しています。(6)

この本のタイトルを、はじめは『*An Ecological*〜』にしようと考えていたそうです。最終的には『*The Ecological*〜』にして1979年の夏に出版されました。その冬の12月、ギブソンは膵臓がんで亡くなりました。(7)

アフォーダンスの定義

アフォーダンスに入ります。

英語の動詞に"afford"があります。辞書には、The cow affords milk. The trees afford a pleasant shade. Music affords pleasure. などの例文があります。ギブソンはこの"afford"から、名詞"affordance"をつくりました。

アフォーダンスが登場した『生態学的知覚システム』には、嗅覚で知るアフォーダンスの例として、同種の動物の匂いをあげています。親しい仲間か、まだ知らないやつか、こどもか成熟した大人か、安全か危険か、などを近くにきた個体の匂いに嗅ぎ分けようとします。どれも「他者のアフォーダンス」です。

もちろん味覚、視覚、聴覚、触覚でも、アフォーダンスを知覚します。はじめて聞く用語で、とっつきにくいせいか、「アフォーダンスは難解だ」とよく言われます。

ギブソンがアフォーダンスを定義したフレーズを、以下に並べました。

・面のコンポジションやレイアウトは、それらがアフォードすることをつくっている。だから面を知覚することは、面のアフォードすることを知覚することである。

・アフォーダンスは、環境にあるモノの「価値」や「意味」が直接知覚できるとするラディカルな仮説である。この仮説からすると、価値や意味は知覚者の外側にある。
・アフォーダンスは、環境が動物に与えていることである。それが動物にとって良いものでも悪いものでも、環境が用意し、備えているものである。
・アフォーダンスは、環境の事実であると同時に、行動の事実である。
・アフォーダンスは、刺激のように行動を引き起こさない。

これらの定義が、少しは腑に落ちるような例を探してみます。

環境に意味があり、それが行為を与える

「環境に意味がある」と言われて、戸惑う読者も多いはずです。ふつう、「意味は脳で作られ、言葉で表現される」などと説明されます。ただし、まわりには言葉ではあらわせなくても、よく知っていて、ちゃんと扱えることがたくさんあります。そしてふだんの生活は、そういうことに囲まれています。

アーカイブにある1971年のギブソン・メモには、『生態学的視覚論』のタイトル

図5　仕事場

として、はじめは"Everyday Visual Perception"という案が書かれているそうです(野中哲士氏、私信)。一言でいえば「ふだん見ていること」でしょうか。「ふだんの視覚」を示す画像を探してみました。

図5は仕事場です。2つの大きなディスプレイを並べた机の上に、資料や文具、スマホ、メガネ、キーホルダー、飲みかけのカップなどが散らばっています。モノのレイアウトには、いま取り掛かっている仕事の「これまでとこれから」が見えるようです。机の使用者は、この「ふだんの視覚」に囲まれることですぐに仕事を再開できるはずです。ここには「仕事のアフォーダンス」があります。

次はダイニングです【図6】。写真の下半分に大きなテーブルがあり、部屋の奥の方にはこのテーブル用の3脚のイスが見えます。この部屋の住人は、左の壁際のテレビを見ながらソファで食事をしているようです。空のポリ袋などがソファの前の低いテーブルに置かれ、イスにタオルが何枚も干されています。キーホルダーなどの大事なものは、ダイニングテーブルの上にわかりやすく置かれています。モノの痕跡全体に住人の習慣が見えています。

図6　ダイニング

広場では思いがけないことがはじまります【図7】。上の広場でこどもたちはブランコ遊びだけでなく、低い柵の上を歩いたり、高台の縁まで行って少し降りてみたりします。

下の広場では、陽の照る芝生、大木の影の下のどちらに行くか。走るか、座るか、寝転ぶか。1人で散歩して昼寝する。仲間といっしょにラ

図7　広場

ンチを食べるなどの過ごし方が見えるようです。

　このように、そこではじまることのすべてを、リスト化できそうもないのが「ふだんの視覚」です。どこにもルーティンと予期しない行為の両方が同時に見えています。

「環境が用意し、備えていること」、「環境の事実であると同時に、行動の事実」、直接知覚できる「価値」や「意味」が、「ふだんの視覚」に発見できます。共通しているのは、「広さ」があり、そこにはモノが散らばっていることです。散らばり方は変化するはずです。こんなふうにまわりを眺めることで、アフォーダンスを理解するヒントが得られます。

アスリートのアフォーダンス

きわめて少数の人だけが知っているアフォーダンスがあります。トップアスリート3人から聞いたアフォーダンスを紹介します[8]。

〈棒のアフォーダンス〉

まず、棒高跳びの澤野大地さん。オリンピックに3回出場。5メートル83センチの日本記録保持者です。自分用5メートル10センチのグラスファイバー製ポールを、両手で持ち上げて助走します。距離は約41メートル。助走の18歩は、前に倒れていくポールに付いていく感じ。バーの下、助走路の端にあるボックスの奥隅から20センチくらい手前にポールの先端を差し入れて少し滑らせ、助走の勢いすべてを、全身で

A　B　C

図8　澤野大地選手

ポールにぶつけて「ポールを立てる」［図8A］。

バーはポールの長さより高く、ポールの向こう側にある。力の全部をポールにあずけ、その反発力で身体を押し上げて［B］、バーを越える［C］。

反発力、つまり、硬さの違う8本のポールを使っている。違いは微々たるもので、澤野さんの使うポールの硬さが「コーティングされた雑誌の表紙」だとすると、高校生レベルの選手のポールは「コピー用紙」くらいだと喩えました。トップクラスなら「コーティングの表紙」が普通だそうです。

その日に使うポールは、ウォーミングアップ後の体調と天候、とくに風の様子で選ぶ。試合ではテンションが上がるので硬め。調子が悪い時は硬めは使えない。日本記録の時は2番目に硬いポールだった。

ポールのアフォーダンスは、わずかな硬さの違いで識別される「全身を持ちあげるポールのしなり」のようです。


〈水面のアフォーダンス〉

武田大作さんは、オリンピック5大会に連続出場して、軽量級ダブルスカルで6位入賞。世界ボート選手権では、日本人ではじめて優勝（軽量級クォドルプルスカル）しました。

「水と仲良くする。いい友達になれば勝てるし、面白い」、「船で水を切っている時は、一定して動いている感覚で、オールで船を動かしているのではなく、勝手に動いている船に合わせて行く」感じ。船幅は約30センチ、尻を乗せるところは水面から出てるから安定がすごく悪い【図9】。「素人だと転ぶでしょう。でも真ん中に座っていれば船は〝立つ〟」。からだでバランス取ろうとせずに、「船が真っ直ぐになりたいなあ、というところを感じ続けて自分もそれに合わせて動けばいい」。「立つ」というのは、丸くて不安定な船が、「ピタッと地面に立っているような感覚」だそうです。

図9　武田大作選手

船だけで、水面下4～5センチに沈む。それに体重72キロの武田さんが乗ると、さらに5～6センチ沈み、全体で10センチくらい沈む。その深さで動く。

水は豆腐のようだと言います。

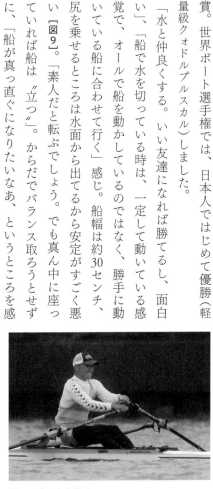

「オールを水に入れるのは、豆腐に包丁を入れる感じ。豆腐を壊さずに後ろに持っていく。水を壊しちゃダメ。オールが水に入っていく間は、オールと水は触れていない。まだオールと水には〝隙間〟がある。水とオールが〝くっついた〟瞬間に一気に力を入れるとボートが動く。ブレードが全部入ったらドーンと力を入れる。くっついた瞬間に一気に力を入れる」。

ひと漕ぎで扱う水は、「横は、2本のオールのつくる幅の5メートル。縦は船の一挺身の8メートル。船の前後の2挺身を足して8×3の24メートル。それに水深10センチを掛けた直方体」をずっと意識している。「その量の豆腐の塊を摑まえて、その上を滑っていって、オールを抜いた瞬間に豆腐が壊れていないな」と確認する。

冬は夏より水が重い。暖かくなると軽い。夏が絹ごしで、冬は木綿の感じ。ボートの跡は「ナメクジが這ったような一筋だけで、泡は出ない」。

武田さんは、水のアフォーダンス、つまり、重さ、粘り、硬さが一つになった「水の塊」を探りながらオールを漕いでいるわけです。

地球表面の約70パーセントが水面です。水の中で多くの動物が生きています。水のアフォーダンスについてはレクチャー3で話します。

〈他者のアフォーダンス〉

柔道家の野村忠宏さん【図10】は、60キロ級でオリンピック3連覇。試合では2つの情報で相手を知る。

1つは組手。中指から下の3本の指で、相手の胴着を摑む。親指と人差し指は遊ばせて、肩と肘には力を入れない。手首だけで、相手の動きを封じて操る。

2つ目は、技で相手のバランスを崩す方法。例えば、相手の襟を振って、バランスを崩し、重心の崩れ方を探る。崩れた瞬間に、投げる方向がわかる。

図10　野村忠宏選手

野村さんは「相手の隙は道だ」と言いました。

「とくに得意な背負い投げでは、自分が入る道を感じる。それは相手の股下辺りの空間で、見えるというか、感じる。自分の組み手、（相手の胴着を摑む）釣り手も引き手も最高の位置、相手の足の位置、間合いもすべてが自分の理想の形になったとき……（股下辺りの空間に）自分が綺麗に潜り込んでいけるイメージがその瞬間、湧く」

野村さんは、組み合う相手との隙間に、「技のアフォーダンス」を見ていました。

刺激ではなく情報

ギブソンは「アフォーダンスは刺激のように行動を引き起こさない」、アフォーダンスは情報に特定されるとしました。「特定する」は、英語で specify です。「犯人を特定する」ように、情報がアフォーダンスを特定します。感覚器官へのミクロな刺激ではなく、知覚を与える周囲のマクロな性質が情報です。

ギブソンは、情報は「直接知覚」されるとします。直接知覚もギブソンの用語です。刺激を解釈して、意味を付与するのは「間接知覚」。アフォーダンスは解釈なしに、情報からダイレクトに特定されるわけです。

言葉にできないことが周りにあります。ギブソンはそれを知ることを「意識（アウェアネス）」と呼びました。解釈したり、言葉にできなくても、周囲や自分について、いつも気づいている（アウェアネス）ことで情報が得られる。アウェアネスをもたらす、触覚、聴覚、視覚の情報については、これからのレクチャーで詳しく話します。

意味はまずぼんやりとわかり、やがて肌理が細やかになる

アフォーダンスの知覚には特徴があります。ギブソンはコーネル大学の心理学実習で、ワイン・テイスティングを課題にしました。

学生たちは、地元の同じ醸造所が製造した6種類の白ワインから、まず1種類のワインを口に含む。引き続き白ワインを次々と与えられ、それらが最初に口にしたワインと同じかどうかを聞かれました。学生は回答が誤りの時に、「間違い」と教えるグループと、正誤を教えない「回答するだけ」の2グループに分かれました。

結果にグループ差はありませんでした。テイスティング1巡目は、2グループとも約6割が誤り。10巡目では、どちらも6割以上が正答しました。正誤を教えなくても、ただ口に含み続ければ、蔵元が同じ6種類の白ワインの微妙な差はかなり識別できるようになりました。

「よくはわからないけど、これかな」ということはよくあります。「なぜかここは落ち着く」とか、「なんとなく気が合う」などです。

周囲にある意味、アフォーダンスは、まずそれがあることにぼんやりと気づき、徐々に確実になる。それに触れてさえいれば、意味は「分化」して、より細やかにわかるよ

うになるわけです。知覚とは、まずはアフォーダンスに出会うことではじまる、息の長い活動です。

図11　マルニ木工／HIROSHIMA アームチェア／Photo：川部米応

アフォーダンスの広がり：デザインと建築

プロダクト・デザイナーの深澤直人さんは、「アフォーダンスが伝える環境のリアリティは、知識化・情報化された社会における身体の本音」、民芸などの手仕事で継承されてきた「用の美」だとします。そして、「ふつう」がデザインの根本と言います。

図11は、縦4本の脚が同じ太さに見える、四角い座面と背板からできた「ふつうのイス」です。腕を支える長いアームがあり、背もたれは、やや後ろに傾いています。このイスは、机上のＰＣでの作業、両手をアームに置いてぼんやり

考える、背を後ろへ傾けるやや長い休息など、多くの姿勢を与えます。1つのイスはたくさんの生活場面につながっています。細部まで工夫されたデザインに埋め込まれているアフォーダンスを探していると、長く座っていられます。

「東京は美しい」と言う外国からの訪問者は多いようですが、深澤さんは東京の街の「ふつう」は「街の隅々の『整い』の集積からもたらされている」とします。「車道と歩道の境目の段差がきちっとしている」、「エスカレーターのステップの細い溝の隙間にゴミやほこりが詰まっていない」、「手すりに汚れがこびりついていない」、「ガラスのビルの表面に、映り込みのデコボコからくるギラギラした歪みはない」など、細部のケアが「整い」です。[9] 美しい街のアフォーダンスは、「整い」が日々更新されることでもたらされます。

図12　国立競技場

建築家の隈研吾さんは「アフォーダンスの考え方に触れたのは、僕が広重美術館（東京・青山）のデザインにとりかかり始めた一九九〇年代後半でした。壁や床、人の肌など、人間をとりまくあらゆる表面は粒子から成り、それぞれに『肌理《きめ》』を持つという視点に大きな影響を受けて、建築デザインの一つの柱にしようと思った」、「デザインの基本は粒に対する感性だと思っています。動物の持つある種の基本的な感覚に立ち戻らないと、人間のための都市計画はできません。頭で考えた都市計画は、結局、分節したり軸を通したりといった、幼稚な人工的原理で生み出されたもので、実際の動物が地面の上を移動していくときのリアルな感覚とはかけ離れた街がどんどんつくられている」とします[10]。

2020東京オリンピックのメインスタジアムでは、無観客だった座席にある肌理が印象的でした【図12】。隈さんの建築はどれも肌

図13　東京大学情報学環研究棟
Photo：Daiwa Ubiquitous Computing Research Building ©SS Tokyo

理にこだわっています【図13】。

アフォーダンスがなぜ粒や肌理なのか、レクチャー4「生態光学」で話します。

注

（1）Gibson, E. J., & Walk, R. D. (1960) 'The "visual cliff"'. *Scientific American*, 202, 64–71.

（2）Gibson, J. J. (1979) *The Ecological Approach to Visual Perception.* Boston: Houghton Mifflin Company.〔邦訳〕J・J・ギブソン（1986）『生態学的視覚論――ヒトの知覚世界を探る』古崎敬・古崎愛子・辻敬一郎・村瀬旻訳、サイエンス社。

（3）Gibson, J. J. (1950) *The Perception of the Visual World.* Boston: Houghton Mifflin Company.〔邦訳〕ジェームズ・J・ギブソン（2011）『視覚ワールドの知覚』東山篤規・竹澤智美・村上嵩至訳、新曜社。

（4）Gibson, J. J. (1966) *The Senses Considered as Perceptual Systems.* Boston: Houghton Mifflin Company.〔邦訳〕J・J・ギブソン（2011）『生態学的知覚システム――感性をとらえなおす』佐々木正人・古山宣洋・三嶋博之監訳、東京大学出版会。

（5）Gibson, J. J. (1979) *Ibid.*

（6）野中哲士（2014）「The Ecological Approach to Visual Perception 執筆の舞台裏——William M. Mac 氏インタビュー」『生態心理学研究』第7巻第1号、13〜17頁。

（7）Gibson, E. J. (2001) *Perceiving the Affordances: A Portrait of Two Psychologists.* Psychology Press.〔邦訳〕エレノア・J・ギブソン（2006）『アフォーダンスの発見——ジェームズ・ギブソンとともに』佐々木正人・高橋綾訳、岩波書店。

（8）佐々木正人（2008）『時速250㎞のシャトルが見える——トップアスリート16人の身体論』光文社新書。

（9）深澤直人（2020）『ふつう』D&DEPARTMENT PROJECT。

（10）隈研吾（2012）『対談集 つなぐ建築』岩波書店。

レクチャー2

身体

知覚するシステム

揺れからはじまる

レクチャー2のテーマは身体です。

図1は、子宮の中の胎児を超音波エコーで撮影した画像です。胴体は横に揺れて、両足や両腕は伸び縮みしていました。受精後8週頃から、胎児はからだを揺らしはじめます。**図2**は、誕生後1カ月(図の1M)から4カ月(4M)まで、手首と足首の関節にマーカーを付けて動きを記録したものです。どこも楕円を描いて動いていました[1]。

外からの刺激なしであらわれ、数秒から1分くらい続く、腕、足、頭、体幹の揺れ。

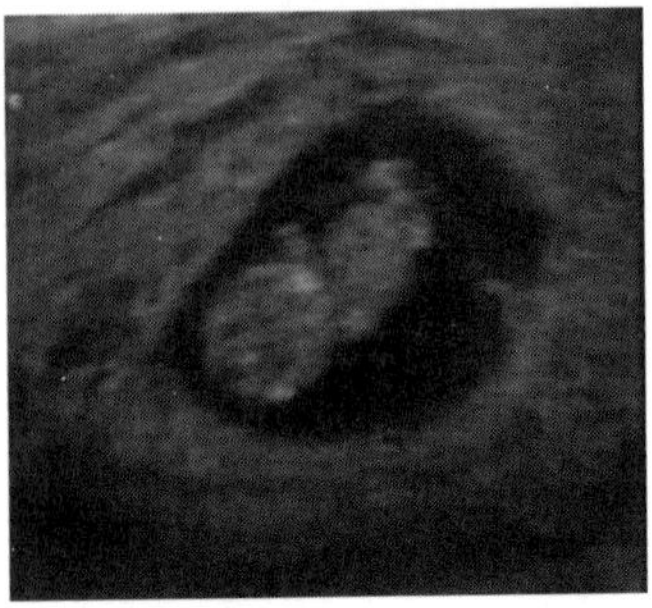

図1　揺れる胎児

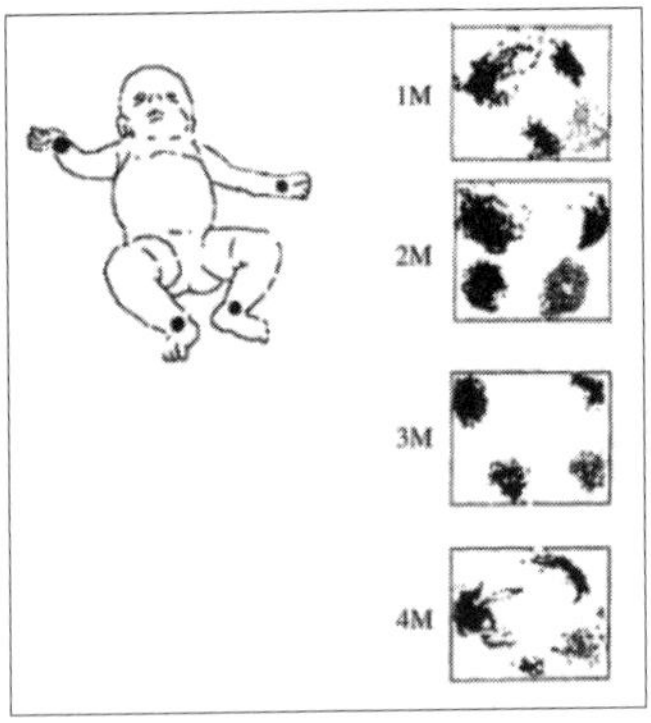

図2　誕生後４カ月間のＧＭ発達

それをオランダの小児科医が「ジェネラル・ムーブメント(GM)」と名付けました[2]。決まったパターンのない全身の揺れです。発達すると、GMから新しい動きが生じます。いろいろなアクションが、揺れからあらわれてくることがわかっています。

揺れの個性からリーチングへ

まわりのモノへ手を伸ばす、そして触れることをリーチングといいます。

あかちゃんは、誕生後16週くらいでリーチングをはじめます。図3の研究では、イスに座らせたあかちゃんにおしゃぶりを見せて、マーカーを付けた手の動きを、正面と側面から記録しました。(3)

図4はガブリエルとジャスティンという2名のあかちゃんのグラフです。それぞれ上の2枚の図は正面と側面から記録した右手の動きの軌跡、下は右手の速度の変化です。

上のガブリエルはリーチングをはじめる前から、両腕を羽ばたかせるように動かしていました。リーチングは、この活発な動きのまま、はじまりました。途中でいったん遅くなりましたが、おもちゃに接触する直前には、また速くなりおもちゃに触れました。

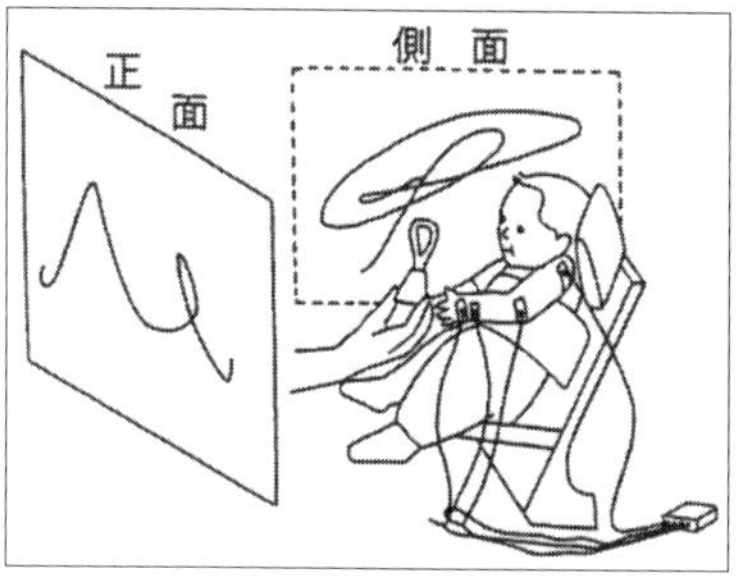

図3　リーチング記録場面

下のジャスティンは動きが少ない児でしたが、途中で少し速くなり、おもちゃとの接触前には減速しました。ジャスティンのリーチングは大人がするように、動きがよくコントロールされていました。

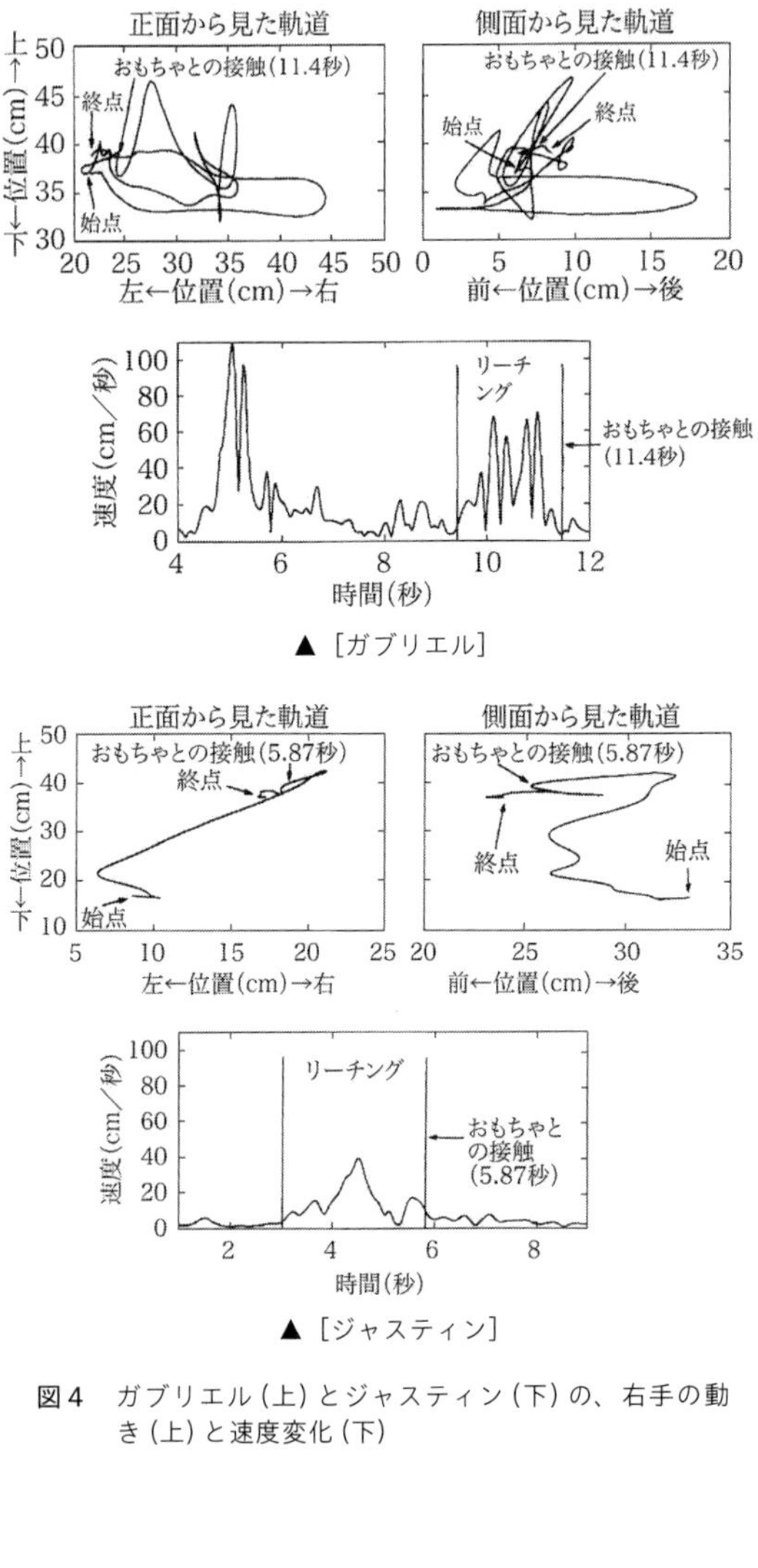

図4　ガブリエル（上）とジャスティン（下）の、右手の動き（上）と速度変化（下）

図5は、２人のリーチングが開始した日、その１週後、２週後、各週５回分の速度変化です。活発なガブリエルは、１週後には開始後の速度が遅くなり、２週後には触れる直前も遅くなりました。ジャスティンは２週後になって全体に速くなりました。

別に取った筋電図（筋の活動記録）のデータから、ガブリエルが、腕をこわばらせて速度を抑えていたこと、ジャスティンが、力を込めて腕を押し出すことで、速度を上げていたことがわかりました。

リーチングは、ジェネラル・ムーブメントからあらわれてきます。リーチングのはじまり方は、あかちゃんのからだに

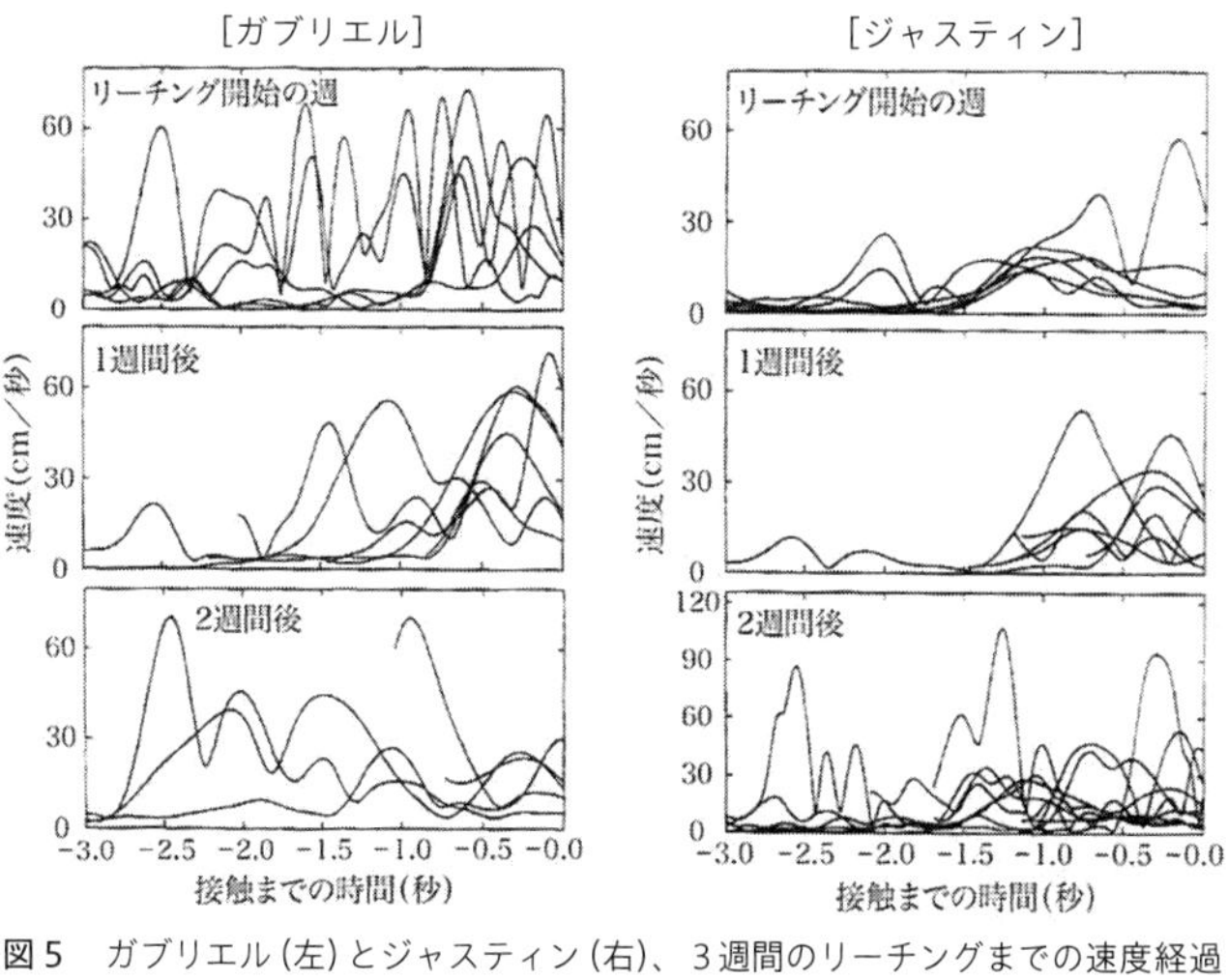

図5　ガブリエル（左）とジャスティン（右）、３週間のリーチングまでの速度経過

元々備わる揺れ方の個性によって異なります。そして、モノへリーチすることを繰り返すことで、スムースな動きに変化するようです。

振る触覚：ダイナミック・タッチ

手の触覚といえば、手のひらや指先でモノに軽く触れて動かす、「皮膚タッチ（キューテニアス・タッチ）」をまず思い浮かべます。手で軽くなでると、モノの表面の肌理、硬さ、温度などがわかります。もう一種の触覚があります。図6のようにモノの一部を持って、振る、揺らす触覚です。ギブソンはこの動きを、ダイナミック・タッチと名付けました。

家には、箸、歯ブラシ、靴べら、針、ボールペン、杖、スコップなど多数の「棒」を置いています。これら棒状のモノを買う時には、持って動かしてみます。食器などは手で持って、使う動作をしてみて、かたちを試します。手帳

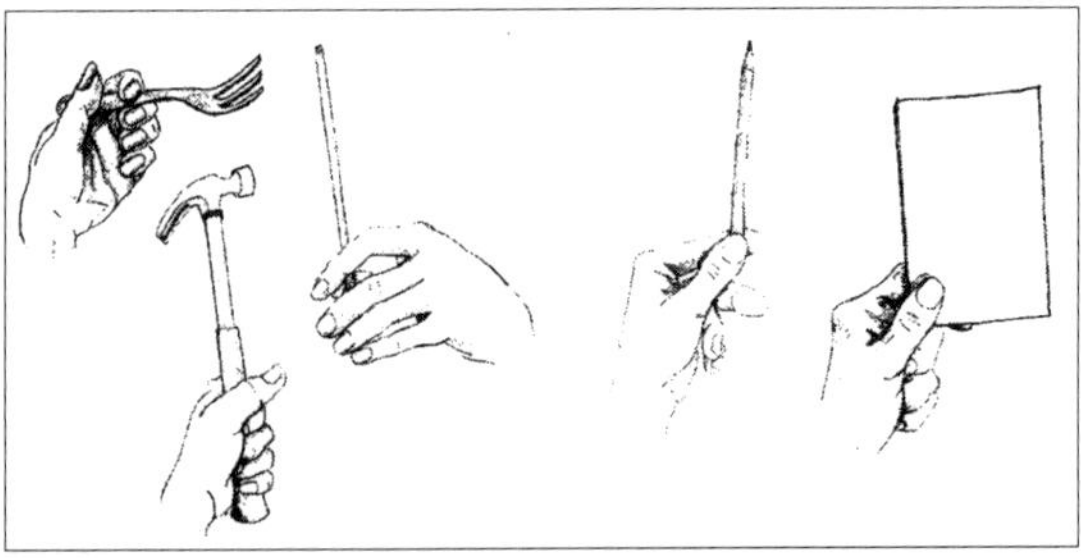

図6　ダイナミック・タッチ

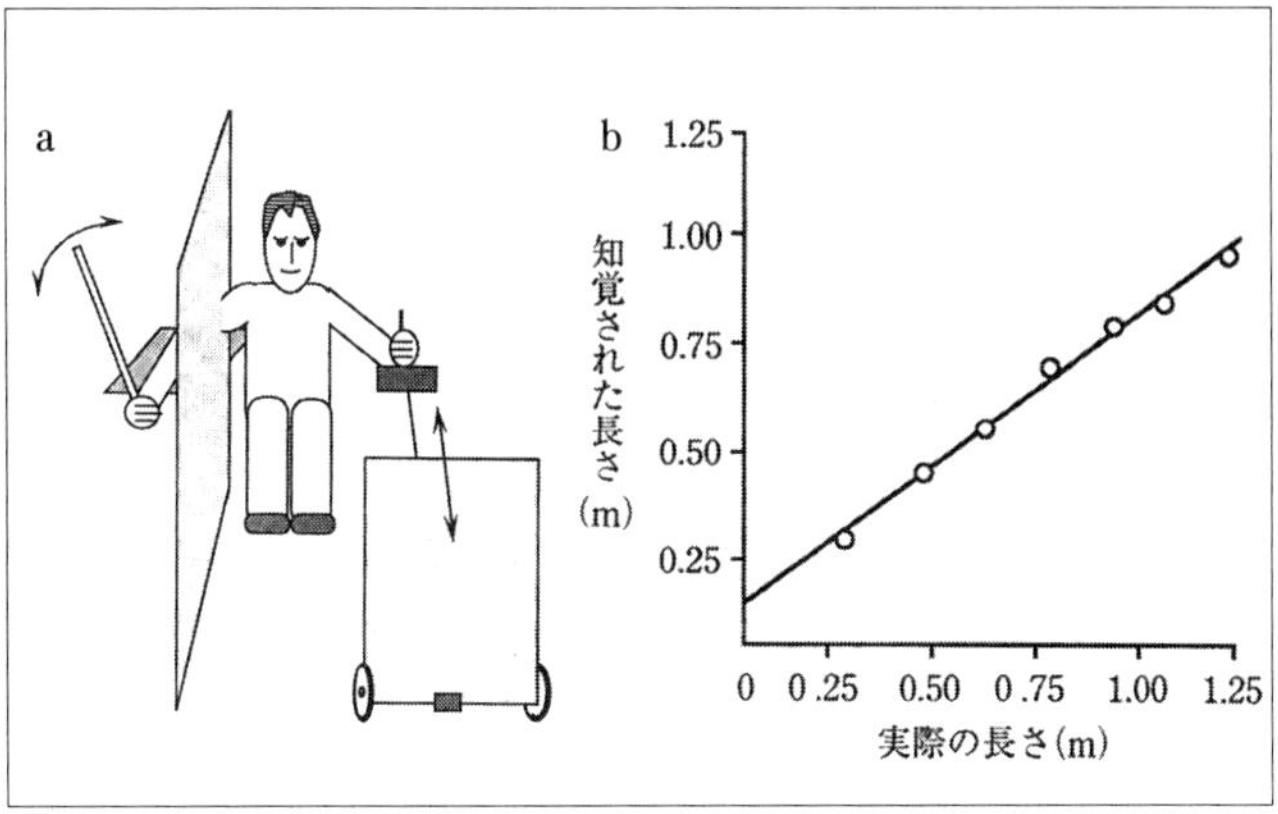

図7　ダイナミック・タッチで長さを知る

などもの角をつまんで持ち上げてみます。モノの一部を持って、揺らすダイナミック・タッチは生活の中で頻繁にしている動作です。

変わることで、変わらないことがわかる

図7aは、ダイナミック・タッチで、棒の長さがわかるかどうかを調べている実験場面です。参加者は、右側の仕切りカーテンの外にある棚に前腕を置いて、実験者から渡される棒の端を持ち、「自由に振ってください」と言われます。振りながら、左手のジョイスティックでパネルを前後させ、棒の先端と同じ位置で止めます。

長さ33センチから125センチまで、15センチずつ異なる7本のアルミ棒が、ランダムな順

で渡されました。振り方は自由で時間制限もない条件でした。

　結果は右図bです。知覚された長さと、実際の長さの順序は同じで、実際の長さに近い値でした。ダイナミック・タッチはモノの長さについては、かなり正確な触覚でした。

　なぜ振るだけで、長さがわかるのでしょうか。モノを振ると、筋や腱の動きは刻々と変化します。モノを回転させる力をトルクといいますが、トルクは加速度で変わります。棒の長さを知るためには、振るたびに変わることをやりすごして、変わらない長さを知る必要があります。

「動かしにくさ」が情報

　止まっているモノを回転させようとしたり、回転しているモノの速度を変えようとすると、モノは抵抗します。この値を慣性モーメントといいます。モノの「動かしにくさ（加速しにくさ）」は「質量」ですが、慣性モーメントは、回転運動の「質量」と考えることができます[4]。
　図8の実験では、棒に重りを付けています。手元、真ん中、棒の先の3カ所のどこかに付けました。**図7**と同じ実験装置を使い、重りの付いた棒を振って、先端の位置を回

答してもらいました。図中に結果も示しました。重りが手元が○、真ん中が×、先が●です。重りが手元から遠くなると、棒はより長く知覚されました。重りの位置を遠くすると、慣性モーメントは大きくなります。結果は「慣性モーメント」、つまり、モノの動かしにくさがダイナミック・タッチの情報であることを示しました。

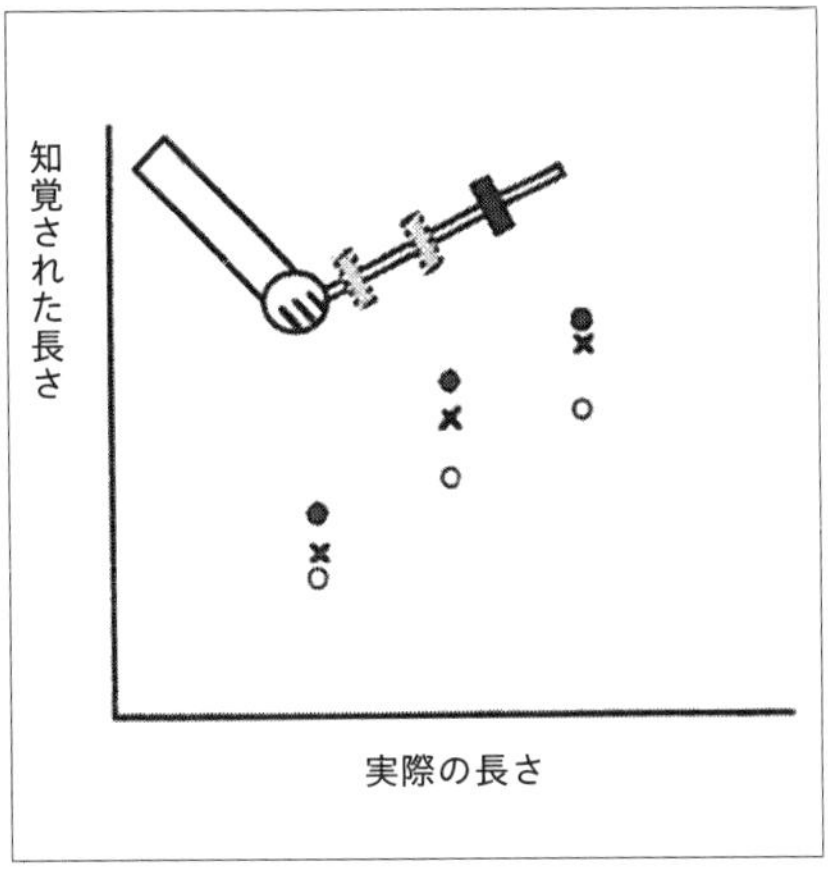

図8　重りを付けた棒のダイナミック・タッチ

振りにくさの座標：慣性テンソル

ダイナミック・タッチしている手をよく見ると、手首は、上下、左右への動き、それに捩る動きもしています。手は3つの軸で動きます。1つの回転の軸には、1つの慣性モーメントがあります。自由に棒を振る場面では、3つの慣性モーメントが生じます。

図9上の図には、振ることで変化するトルク【a】と、回転の角度、速度、加速度で変化する運動【b】を示しています。これらは、棒を持つ動かない手首【d】にある回転

の中心で、「慣性テンソル」【c】によって結び付きます。慣性テンソルは剛体が回転する軸や、三次元座標に依存する慣性の値です。【c】のように時間的に変化しない9つの慣性モーメントの行列で示されます(記号Iは慣性 inertia を示します)。

からだを傾けて、座標が変わると慣性テンソルは変わります。しかし、実際にはからだを傾けて棒を振っても、知覚する棒の長さは同じです。座標に影響されない値があるはずです。

その値を【e】のように3つの慣性モーメントであらわし、「主慣性モーメント(固有値)」と呼びます。主慣性モーメントは、【f】のような、慣性のつくる楕円体であらわすことができます。これがモノの質

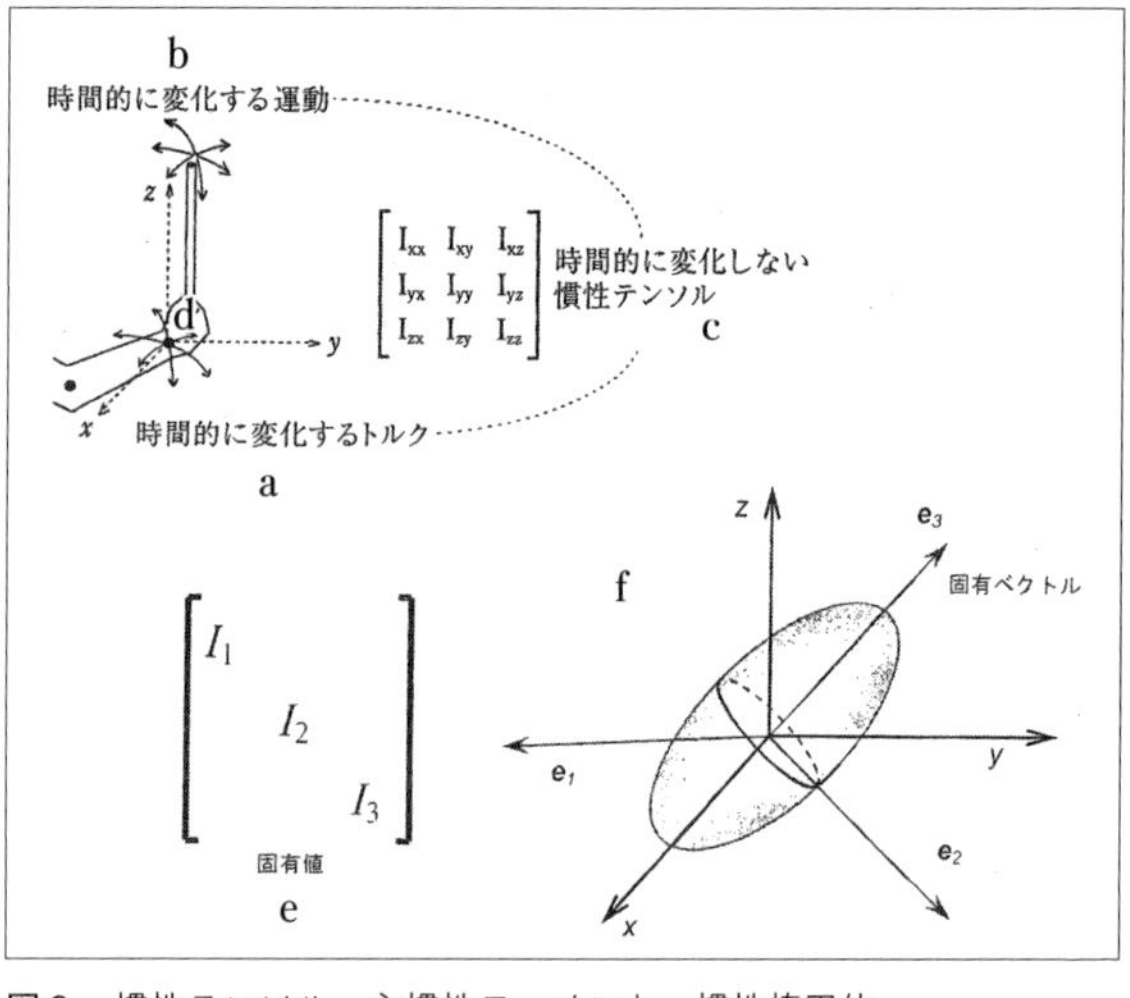

$$\begin{bmatrix} I_{xx} & I_{xy} & I_{xz} \\ I_{yx} & I_{yy} & I_{yz} \\ I_{zx} & I_{zy} & I_{zz} \end{bmatrix}$$

$$\begin{bmatrix} I_1 & & \\ & I_2 & \\ & & I_3 \end{bmatrix}$$

図9　慣性テンソル、主慣性モーメント、慣性楕円体

量分布、つまり、モノのかたちの情報です。[5]

かたちの知覚

実際に、モノのかたちは、ダイナミック・タッチでわかるでしょうか。

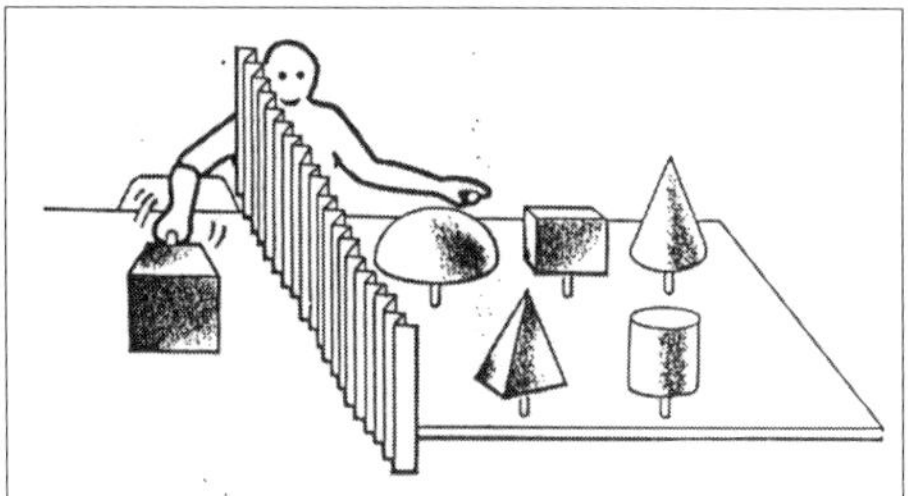

知覚された姿

右手で振った姿

	29	11	15	4	1
	17	16	10	9	8
	14	14	16	7	9
	3	7	3	24	23
	4	9	4	16	27

図10　かたちのダイナミック・タッチ

図10は、木でつくった半球、円柱、立方体、円錐、三角錐の5種類のかたちの底に、取っ手を付けたモノを振って、どれかを当てる実験場面です。

参加者はカーテンの外側、見えないところで、右手にモノを1つ渡されて、「取っ手を持って自由に振り回して、同じかたちと思うモノを、左に並んでいる5つのかたちから選んで、左手で指して下さい」と言われました。5つのかたちからランダムな順で、1つの取っ手を持たされました。各かたちは合計60回渡されました。5つのモノへの指示数が、かたちごとに下の表に示されています。

半球は60回中、29回が正解、円柱と立方体はどちらも16回、そして円錐は24回、三角錐は27回正しく指示されました。

それぞれのかたちごとに、どのかたちが指示されたのか。回答数の分布を見ると、半球、円柱、立方体といった「先端まで大きさがあまり変わらないかたち」と、円錐、三角錐の「先端へ行くほど尖っているかたち」の違いはよく識別されていたことがわかります。モノのかたちも、ダイナミック・タッチである程度は正確に識別できるようです。(6)

振りにくさで身体を知る

これまでの結果は、「からだの知覚」のヒントになります。

眼を閉じて、手や足を振ると手先や足先の位置がわかります。自分のからだのかたちも、振る、揺するとわかるのでしょうか。

誰のからだにも、動かしにくさの個性があります。この動かしにくさのかたちを、動くたびに味わっています。全身を動かすと図11のような、「慣性楕円体」のつながりがあらわれます。これが自分の「からだのかたち」の情報です。(7)

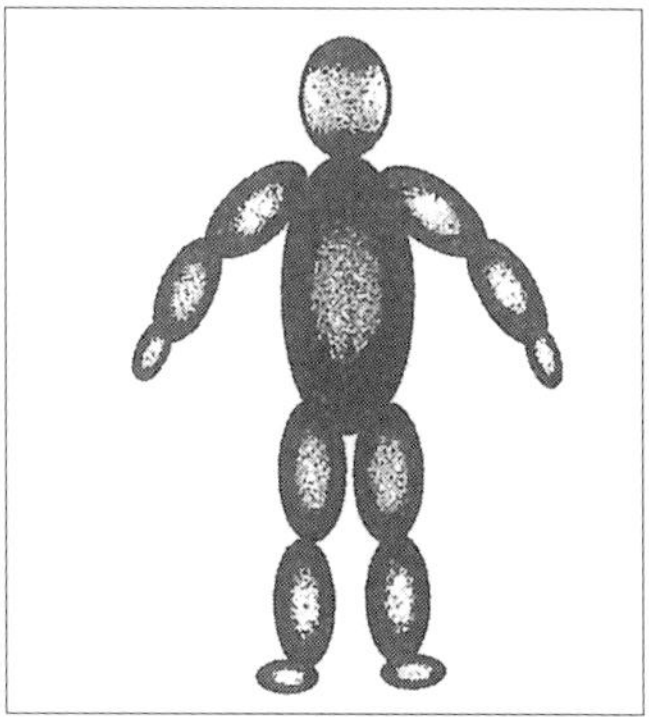

図11　全身の慣性楕円体

図12　足のダイナミック・タッチ

図12は、足先に付けた棒の長さが、膝から下を振ることでわかることを示した実験です。(8) 履いている靴や全身を被っている衣服のかたちも含めた、からだのかたちの情報が振ること、歩くことなどで刻々と得られます。もちろん、疲れによるこわばりなど、各所のコンディションもわかります。

姿勢の流れとしての動き

ダイナミック・タッチをすると、まるでモノを振っている自分の動きを濾過するように、変わらないモノの性質が残ります。何かに時間をかけて触れる、持って振ると、起こってくる変化から、モノの変わらない性質があらわれてきます。

からだはいろいろなダイナミック・タッチをしています。例えば、紙の表面を少しなでれば、新聞紙か、コピー用紙か、便箋かいろいろな紙の質がわかります。作業に使う紙やすりを選ぶ時は、紙やすりの表面に軽く指を置いて、少し動かせば、ちょうどよい粗さの肌理かどうかわかります。モノに触れている皮膚の細かな振動が、モノの微かな情報を探りあてます。

モノの堅さを確かめる時には、皮膚が加える圧と、モノに備わっている圧の比が情報になります。例えば、果物では、指の圧と果物表面の圧の比が、「熟れ具合」です。触れている身体とモノとの比が、モノそのものに備わる性質、コンシステンシー(粘調性)とよばれる性質についての情報です。

食物は、顎、歯、舌などで味わいます。口に入った食物の大きさ、かたち、肌理、温度、変形しにくさ、つまりコンシステンシーを、口の全体で味わいます。味覚の一部もダイナミック・タッチです。医療者は触診に加えて、打診をします。これもダイナミック・タッチです。

ここまで話してきた振ることや触れることは、地面の上で行われます。地面の上のからだはいつも、下向きの力、重力の下にいます。重力は常にからだに動揺を与えています。立つ、歩く、走るなどは、転倒しないように継続して調整されている動きです。この種の動きを「姿勢」と言います。全身は一体には動きません。頭、胴体、両腕、両脚は、場面によってつながり方を変えながら、常に転ばない姿勢をつくり出します。全身は地面へつながる「姿勢の階層」なのです。

毎日繰り返しているふつうの動作も、スポーツなどの技も、転ばない姿勢が基本です。基礎となる一つの姿勢が他の姿勢へと変わっていく、その姿勢の流れが運動と呼ばれていることの中心なのです。

身体の一部を使う時も同じです。手でモノに触れる時、手の姿勢はモノのかたちになります。片手の場合、5本の指がモノに対応した姿勢になります。

5つの知覚システム

ギブソンは身体を「知覚システム」とよびました。知覚システムは、情報を探る組織です。身体には5つの知覚システムがあります。地面の上のからだの姿勢を知る基礎的定位システム、触覚システム、嗅覚と味覚システム、聴覚システム、そして視覚システムです。

視覚システムについては、レクチャー4で詳しく話します。

注

(1) 坪倉ひふみ(2002)「General Movementの臨床的意義」『脳と発達』第34巻第2号、122~128頁。

(2) Prechtl, H. F. R & Hopkins, B. (1986) 'Developmental transformations of spontaneous movements in early infancy'. *Early Human Development*, 14; 233-238.

(3) Thelen, E., Coebetta, D., Kamm, K., Spencer, J. P., Schneider, K., & Zernicke, R. F. (1993) 'The

transition to reaching: Mapping intention and intrinsic dynamics'. *Child Development*, 64, 1058–1098.

（4）素粒子の一つである光子は質量がゼロ。秒速30万キロ、つまり光速で飛びます。電子やクオークなどのほとんどの素粒子は、光速で進めませんので、質量をもっています。

（5）Turvey, M. T. (1996) 'Dynamic Touch'. *American Psychologist*, 51(11), 1134–1152.〔邦訳〕佐々木正人・三嶋博之編訳（2001）「ダイナミック・タッチ」『アフォーダンスの構想——知覚研究の生態心理学的デザイン』東京大学出版会、１７３～２１１頁。

（6）Burton, G., & Turvey M. T., & Solomon, H. Y. (1992) 'Can shape be perceived by dynamic touch?. *Perception & Psychophysics*, 48, 477–487.

（7）Claudia Careiio（2005）「筋感覚の物理学と心理学」『生態心理学研究』第２巻第１号、57～67頁。

（8）Stephen, G. D., & Hajnal, A., (2011) 'Transfer of calibration between hand and foot: Functional equivalence and fractal fluctuations'. *Atten Percept Psychophys*, 73; 1302–1328.

レクチャー3

水と空気の情報

環境の3つの性質

地球の環境は、物質、媒質、面の3つからできています。図1の上下はまったく違う環境に見えますが、どちらも物質と媒質と面からなります。

物質(サブスタンス)は、多種のモノの混合です。結晶のようにモノが均質に混合している物質と、土のような異質なモノの混合物があります。物質は固く、その中へ動物が入り続けることは困難です。物質は光や匂いを伝えません。

図1　アフリカと東京

媒質(ミーディアム)は、水と空気です。水は水生動物の、空気は陸生動物の媒質です。水と空気は、ほぼ無色で無臭、地球のどこでも均質です。

水は陸生動物にとっては物質です。飲むことで、からだに水分を供給し、渇きを癒やします。水の溶解力で、食物を柔らかくし、からだ、衣服、住処《すみか》の汚れを落とします。

面（サーフェス）は、物質と媒質の隣り合い。物質が空気に露出しているところです。地球の大部分は、広大な面、地面と海面です。地面は、数えることができないほど多くの面に分かれていますが、どの面にも特徴ある肌理があります。

レクチャー3のテーマは媒質、水と空気です。面のアフォーダンスについてはレクチャー5で話します。

媒質のアフォーダンス：均質の中の不均質

媒質は英語でミーディアム（medium）です。メディアの単数形で、あいだのもの、媒介、媒体の意味です。地球の媒質の大部分は水と空気です。

動物は媒質に入ることができます。その中で動くことができます。移動は、水と空気の中で行われます。物質は不透明で光を吸収し、反射しますが、媒質は透明で、中に光が伝わります。水と空気のこの性質が、動物に視覚を与えています。媒質の中で光がどのように、視覚情報になるのかは、レクチャー4（生態光学）で話します。

空気と水の中では、物どうしの摩擦や衝突から、まわりへ振動が伝わります。それが聴覚を与えます。さらに水と空気では、花の匂いやモノの燃焼から生じた、微小な化学的物質がまわりに広がります。この拡散の「雲」が、離れたところで起こっている出来事を知ることを可能にしています。

媒質中には、このように光と振動と化学的な放散が広がっています。媒質中の動物は、それにガイドされて移動します。媒質中はどこでも、見る、聞く、嗅ぐことのできる「観察点」です。移動とは、この観察点をつなぐことです。

伝統的な幾何学は、空間はどこも同じ(等価)だとしました。それに対して、媒質は、すべてが異なる観察点からなります。媒質のその性質が、視覚、聴覚、嗅覚の情報になります。つまり、水と空気には情報があります。

空気と水には酸素が含まれ、それが動物に呼吸を与えます。21パーセントの酸素濃度は、地球上どこでもほぼ一定で、長い間、変化していません。山火事が広がり媒質の一部の空気の成分が変わることはあっても、時が経てば風が煙を拡散して、元に戻ります。

均質な媒質の中に、光、振動、化学的放散がつくった不均質が情報です。

水や空気中を、上から下へ、重力が貫いています。太陽の光も上から照らします。それらが媒質に、変わらない上下の軸をつくります。重力、光の方向を動物は常に意識しています。

水中の立体痕跡

魚類、甲殻類、哺乳類は、水の動きでモノや出来事を知覚します。これを「水力覚(hydrodynamic perception)」といいます[1]。

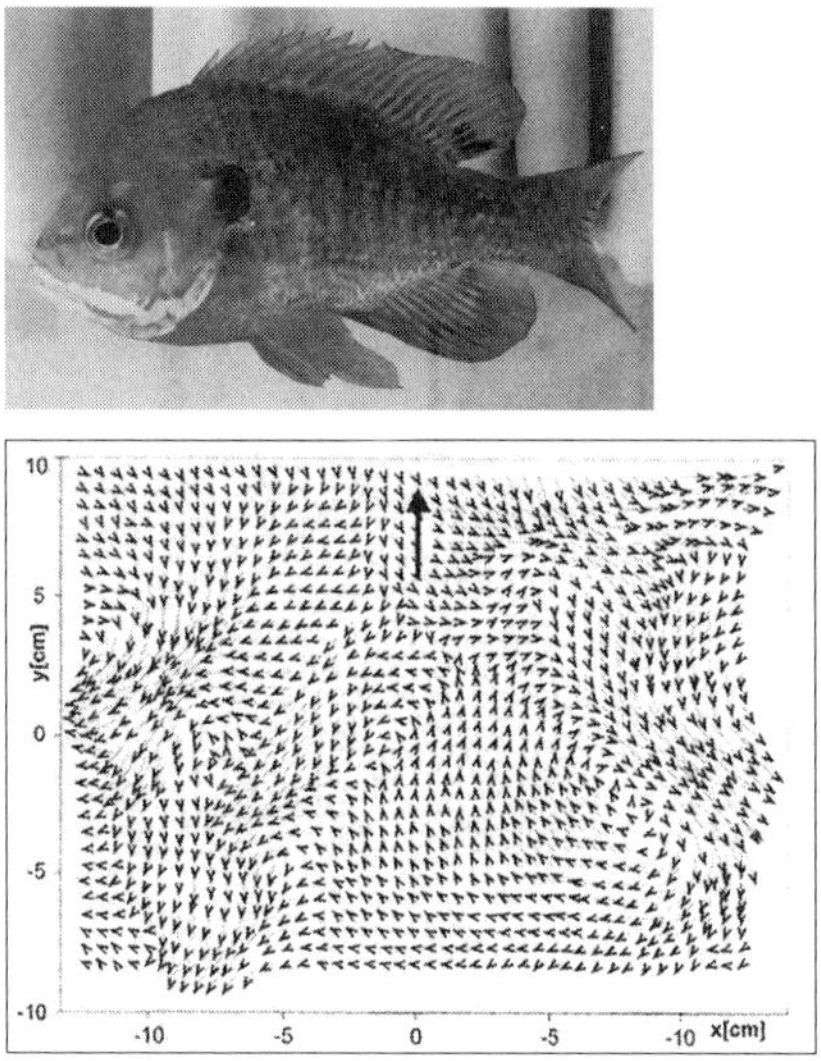

図2　9cm のブルーギルと移動 60 秒後の水流に残った痕跡（ブルーギルの写真は参考）

図2は秒速20センチで泳ぐ体長9センチの魚、ブルーギルと、それが通過した1分後の水中に残った水の渦です。微小な粉を水中に大量に撒いて撮影すると、小さな魚ですが、その通過経路が「立体痕跡」として残りました。

図3は体長30センチのニジマスの急発進の痕跡です。発進方

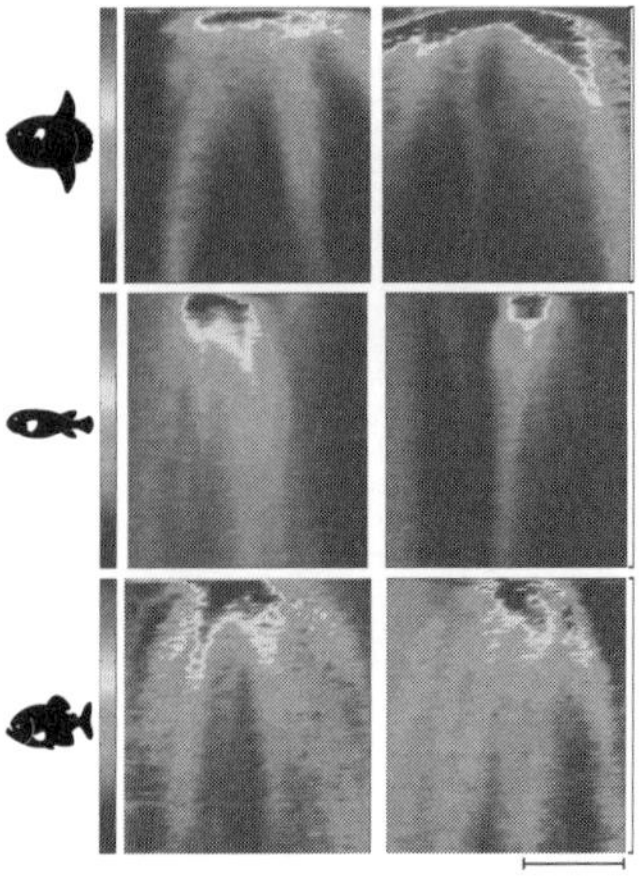
図4　上からマンボウ、フグ、ピラニアの痕跡

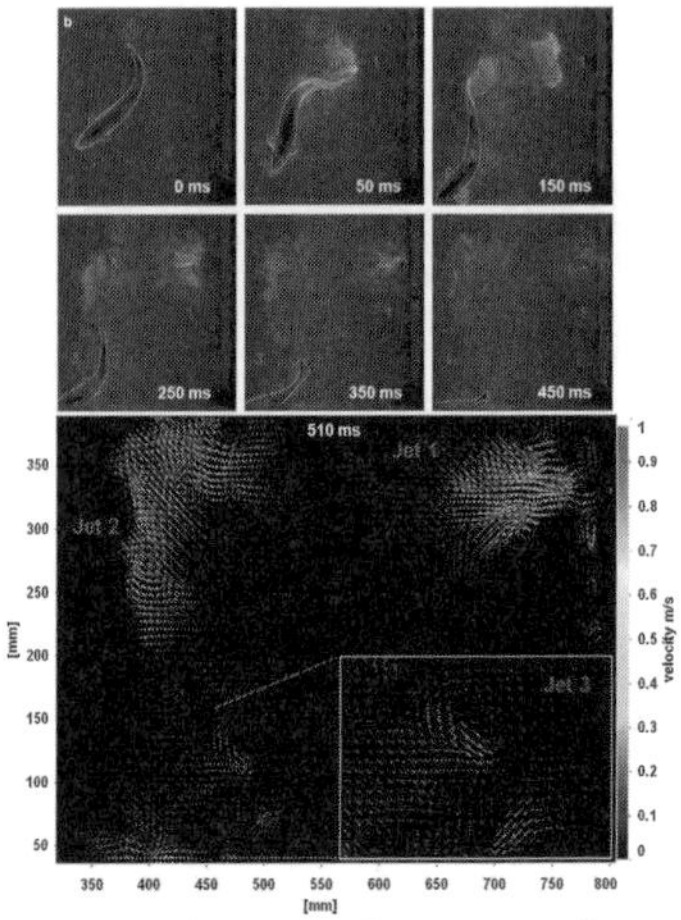

図3　ニジマスの発進のパターン（下は拡大図）

向に対応する1と2と、その横の3の渦、合計3つのジェット水流の痕跡が数分間、水中に残ります。

図4は上から、マンボウ、フグ、ピラニアが残した立体痕跡で、5分間持続しました。これらの魚を捕食する動物は、この痕跡を水中に発見して接近します。[2]

図5［a］では、プールの右端から黄色のミニチュア潜水艇（図中で○で囲んだもの）が発進しました。まっすぐ進んだ潜水艇はプールの中央で右方向へ180度旋回し、［b］でプールの壁に接近しました。そのタイミングで、図6のゼニガタアザラシ（図中では楕円で囲んでいます）がケージから発進しました。アザラシは頭

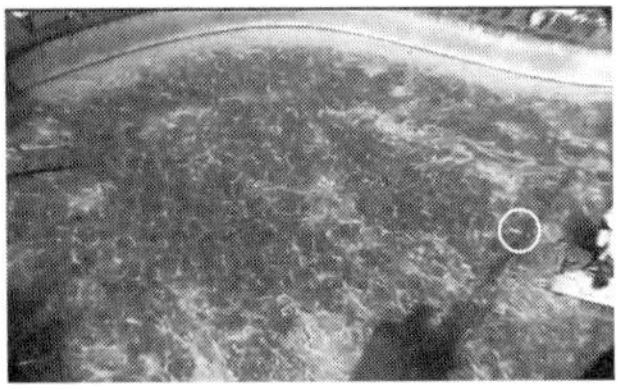

a：潜水艇（画面右）出発

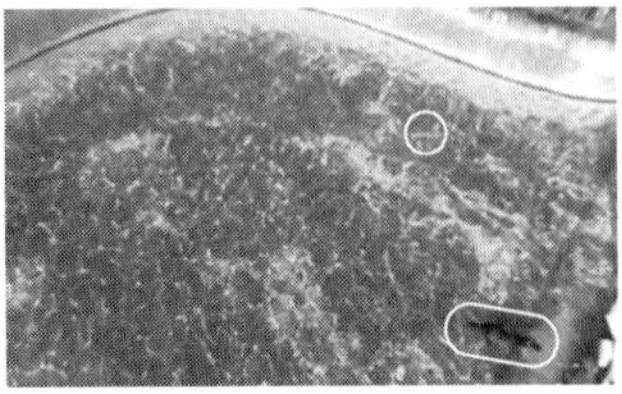

b：アザラシ出発／潜水艇はアザラシから見て右上

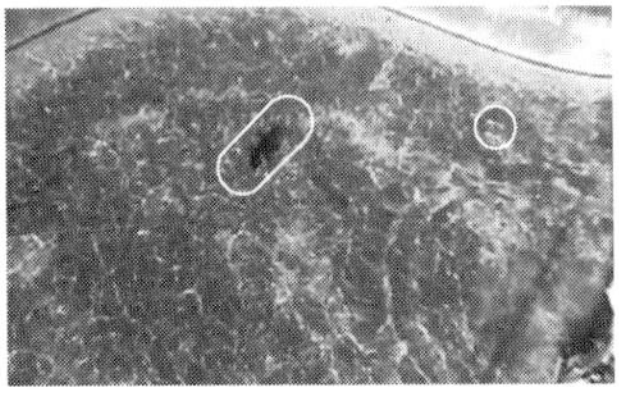

c：潜水艇の経路をそのまま辿る

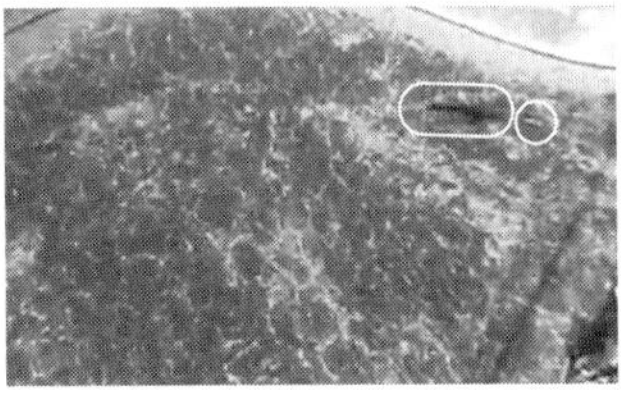

d：潜水艇に接近

図5　ゼニガタアザラシの追尾

部に目隠しと音を遮蔽するヘッドホンを付けています。アザラシは【c】のように数秒前の潜水艇の航跡を正確になぞり、【d】で潜水艇に辿り着きました。

アザラシの口の周りには「洞毛《どうもう》」というヒゲ（触覚）があり、それで潜水艇がプールに残した痕跡を探ったことがわかりました[3]（動画はドイツ、バルト海沿岸のロストック大海洋科学研究所のURLで見られます。http://www.marine-science-center.de/hydrodynamics.html）。

水中で生きる動物は、水中の渦を情報にして移動し、獲物を見つけています。

図6　ゼニガタアザラシと洞毛

空気の情報：波面と波列

陸に棲む動物は、空気中の振動から情報を得ています。図7では、中央で起こっている小さな虫の羽の振動が空気中へ伝わっています。同心球状の「波面（図中央）」が広がり、いろいろな周波数の混合する振動が続いて、球の半径沿いに「波列（図下）」ができます。

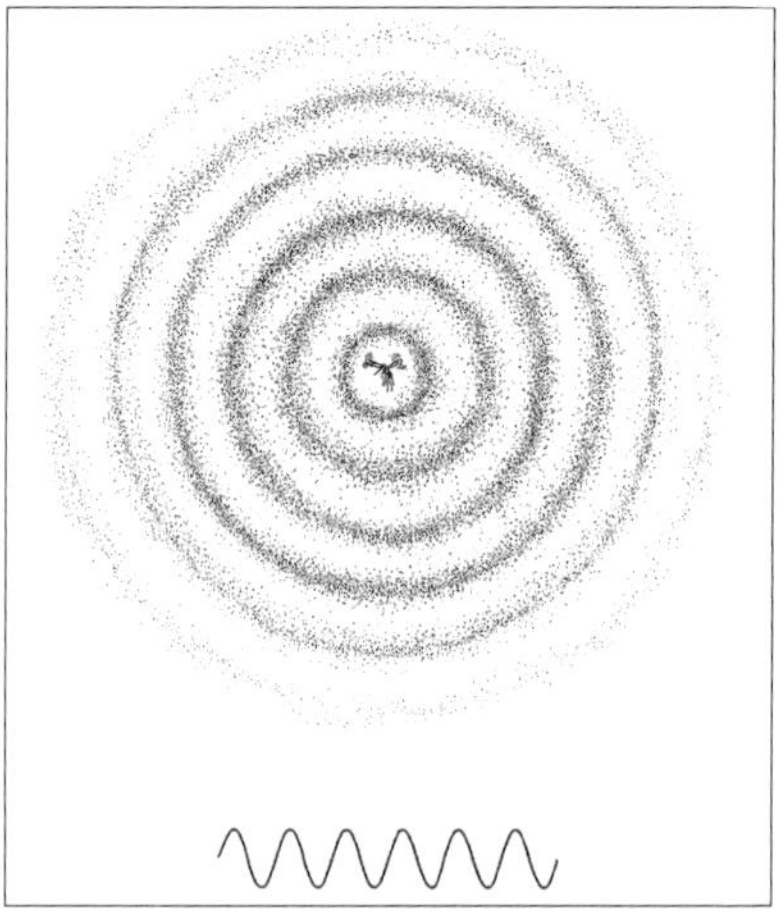

図7　空気に広がる波面と波列

波面は音源の方向を、波列は音源で起こった出来事の性質についての情報です。どの方向で、何が起きたのかを伝える情報が空気の中にはあります。出来事から、長く、あるいは短く続く圧縮波が、空気中には拡散しています。

音でナビゲーションする

視覚障碍を持つ2名の方に、空気にある情報について聞きました。30代のAさんは10

代に失明。退院後の様子を次のように話しました。

「失明後4カ月で学校に復帰した。知っているところという感じはなかった。近距離のものはわかっても、距離感が摑めない、遠くへ向かって広がりがない。どっちに行ったら何があるんだというのが、うまく摑めない」

「部屋から出られない。窓や壁があることは反響でわかるが、その感覚が身についていない。壁が思いがけないところにある感じで、ぶつかるまで予期できない。突然あらわれた感じ。混沌としている感じ」

「やがて予期が利いてくる。自分の動きと、聞こえることとの関係がわかってくる。どのくらい近づけるかわかってくる。ただし劇的には変わらない。1年後には、だいぶ違っていた。壁にポンとぶつからない。曲がり角で曲がれる、もしくは止まれる。圧迫感がわかってきた」

Aさんに、池袋駅の地下通路を歩きながら、何がわかるかを話してもらいました。ある場所でAさんは「天井に何かある」と頭を上げました【図8上】。続けて手に持つ杖で、フロアーを何度か強く叩いて音をたてました。その反響を聞きながら、図8下のように、地下通路天井にある小さな掲示板を正確に指しました。Aさんが通路天井のかたちの細部まで、音で聞き分けながら、歩いていることがわかりました。

もう一人、24歳のBさんにもインタビューしました。彼女は6歳までは光と色の感覚があり、眼の前5センチ程度に示された指の数は識別でき、停車中の車も視覚で避けていたそうです。現在は、両眼は視力も、光の感覚もないと話しました。

図8　歩行中に気づき、天井の掲示板を指す

以下、私（筆者）の質問は（　）内に、Bさんの回答を「　」で示します。

（狭くなった感じや物がある感じはわかりますか）：「何となくわかります」

（ぶつかる前に、壁とか、塀とか、大きな柱はわかりますか）：「ええ、大体わかる。でも柱とか車だと、日によって止まれる時と……。調子の良い時と悪い時があります」

（その手掛かりは、いつ頃から使いましたか）：「完全に見えなくなってから感じるようになりました。小学校3年生ぐらいかな」

（家並が切れるところはわかりますか）：「わかる」

（天井の高低は）：「何となくわかる。あと外でも屋根のあるところと無いところはわかります」

（部屋でカーテンが引いてあるかどうかはどうですか）：「使うことの多い部屋だったらわかると思う。カーテンを引くと音がこもる感じになるから。でも部屋の特徴を知らないとわからないかもしれない」

（下り階段がどこで終わるかはどうですか）：「昔は段の数を覚えていたけど、いまは全然覚えていません。覚えなくても空気の感じとかで、この辺が終わりっぽいというのは、いつも使っている所ならわかる」

（杖を使わない歩行でも壁はわかりますか）：「皮膚の感覚でわかります。目の下の感覚をよく使う。この辺り（眼の下を指す）です。眉毛とかおでことかの辺りはよく感じないです」

（壁に近づくと、どういう感じに変わるんですか）：「閉鎖される感じですね。……何か前に立ちはだかっている、何か暖かい感じです。全体的に覆われるというか」

媒質アート

雪の結晶を研究した物理学者の寺田寅彦は、雨について次のように書いています。

「〔雨は〕広い面積に落ちるたくさんの雨粒が、一つ一ついろいろなものに当たって出る音の集まり重なったものである。音の源をここと指し示すことはできない。音を聞いている人は数の知れない音の出る点の群れに取り囲まれているのである(4)」

雨の中では振動に包囲されます。

雨と風は古くからアートのテーマでした。

図9は円山応挙（1733–1795）の「雨竹風竹図屏風」（1776年作）です。雨（上）と風

図9　円山応挙／「雨竹風竹図屏風」

（下）の中の竹林が描かれています。竹林の姿で、雨や風が媒質に起こしている変化をあらわしています。

　空気での移動を競う競技に、スキー・ジャンプがあります。レクチャー1で紹介した『時速250㎞のシャトルが見える』には、長野オリンピック金メダリスト船木和喜選手**【図10】**へのインタビューもあります。[5]（　）内は筆者の質問です。

「僕は空中にいる時間が

すごく短いんです。助走のスピードを減速させないまま飛び出していって、そこでパラシュートを開くような感じです。……〔風には〕大きく分けると踏み切って飛び出す、出だしの上の風と、下の風の2つがあります。出だしの風が重要で、それに乗れないと下の風には絶対乗れません」

図10　船木和喜選手「上の風」と「下の風」

〔上の風はどういうものですか〕：「時速100kmで走っている車の窓から手を出すとブワッと来る、それが全身に来る感じです。……身体を平らにしてできるだけ風に当たるのを少なくして進んでいくんです」、「だいたい60m付近までは浮力はできるだけもらわないほうがいい」、「ストンと。当たらずに行って、そこを越えてから身体を立てる」、「前半の壁を浮力に使うか、後半の壁を使う選手か。タイプは分かれます」、「直線的に飛んでいる部分と落ちる部分の境目を、僕たちは『マキシム』と言ってます。そのマキシムが遠ければ遠いほど距離を伸ばせると言われています」

（船木さんが浮力を使うのはそのマキシムを越えてからのところですね。下の風と上の風は違いますか）：「〔下の風は〕向かい風だけでも右前から、左から、真正面からもあるし、下から吹き上げる風と上からの向かい風がある。……瞬時に判断できないと風を利用できません」

（下の風の中でどういう調整をするのですか）：「右の腕を引くと左のスキーが上がってくるんですよ。飛行機と同じです。足首でなくて、手を使うとコントロールできる。……左から来る風に当たって乗って、また右から来る風に当たって乗って、というのを繰り返しています」、「1mでも伸ばそうとするんです」

（飛行時間はどれくらいですか）：「ノーマルヒルで3秒、ラージヒルで4秒あればK点まで行きます」

（後半の風に乗る部分は）：「2秒もないですね。でも10秒以上に感じます。当たった、乗った、また当たった、乗ったという繰り返しですから、すごく長く感じます」

（下の風の種類は）：「100以上、というよりは、無限にあるでしょうね。同じ風はありませんから。冬と夏だと風の重さが違います」、「僕は昔、筋力的に劣っていたんです」、「筋力が無いから上に飛び出せない。……それで、スッと行くような飛型になったんですが、それが僕の武器になっている」、「空中は風を感じたまま動くだけです」

身体媒質論：テンセグリティ

媒質情報を、身体に広げるアイディアがあります。

モノのかたちは、外から中心へ向かう力と、その力に抗して、中心から外へ向かう力のつり合いで決まります。かたちはふつう、硬い部材を付着してつくられますが、もう一つのかたちのつくり方があります。例えば、**図11左**の［a］と［b］のような硬い2つの部材は、［c］のように4本の伸縮材で囲むことで安定した構造になります。**図11右**の写真は5本の棒を1本の伸縮材で囲む構造です。どちらも伸縮材の引っ張り力と、内側の部

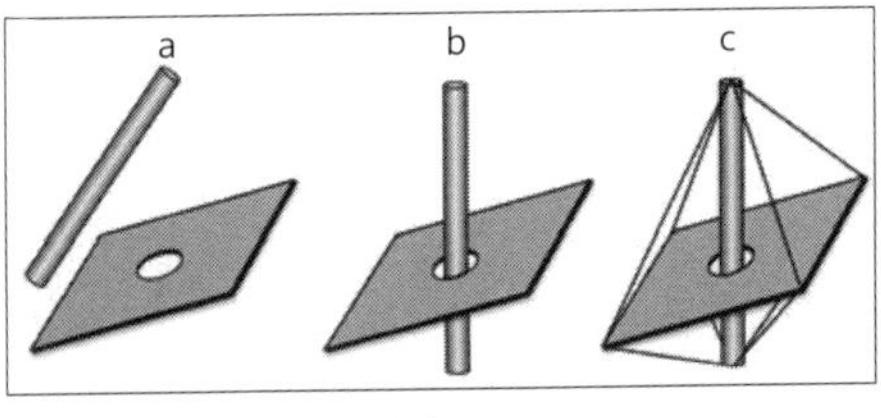

図11　テンセグリティ構造

5つの棒を伸縮材でつないだ構造

材の圧縮に抵抗する力(圧縮力)の釣り合いで決まるかたちです。

一つながりの張力ネットワークに、複数の部材を埋め込み、全体のかたちを保つ設計原理をテンセグリティ(tensegrity)、張力による(tensional)統合(integrity)といいます。[6]

テンセグリティには、①全体を囲む張力が、中に浮かぶ硬い部材を引っ張る力でまとめることで構造が安定している、②たるみなく引っ張られているので、変化に即応する、③部分に力が加わると、それは全体に伝わり、力が加わらなくなるとかたちは元に戻る、などの特徴があります。テンセグリティは、三角形を基礎とする全方向に安定なシステムです。

図12上の模式図のように、細胞では「細胞骨格」とよばれる、微小管、アクチンフィラメントなどの、タンパク線維の三次元の網目構造(テン

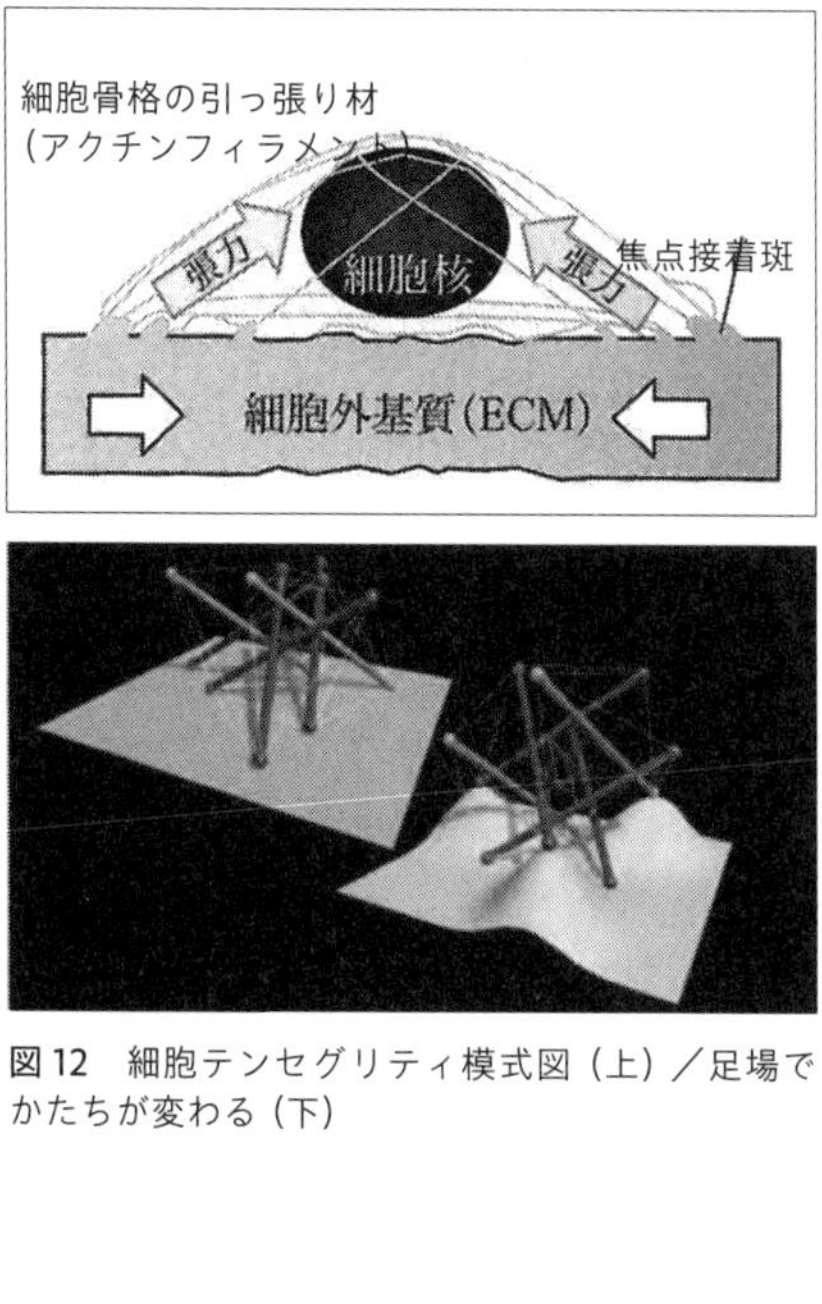

図12　細胞テンセグリティ模式図（上）／足場でかたちが変わる（下）

セグリティ）が立体を支えています。細胞は細胞外の組織に面で接着していません。細胞骨格はテントのように「点」でつなぎ留められています。したがって、細胞のかたちは、置かれたところに応じて変わります。図12下のように、細胞は硬い面に置くと平らになり、柔らかいところでは足場のシートを丸く持ち上げて皺をつくります。(7)

動物の全身も、やわらかい皮膚や繊維からなる組織全体を張力がめぐり、それが骨格や靭帯などの圧縮に抵抗する力とつり合う「張り」を持つことで、立体的なかたちを保っています。(8)

身体がテンセグリティ媒質の性質を持つとする見方は、水や空気にある情報と身体が別のモノではなく、情報で連続する可能性を示しています。

注

（1）野中哲士（2016）『具体の知能』金子書房。

（2）Hanke, W., & Bleckmann, H. (2004) 'The hydrodynamic trails of Lepomis gibbosus

(Centrarchidae), Colomeus Psittacus (Tetraodontidae) and Thysochromis ansorgii (Cichlidae) investigated with scanning particle image velocimetry'. *Journal of Experimental Biology*, 207(9), 1585–1596.

（３）Dehnhardt, G., Mauck, B., Hanke, W., & Bleckmann, H. (2001) 'Hydrodynamic trail-following inharbor seals (Phoca vitulina)'. *Science*, 293(5527), 102–104.

（４）寺田寅彦（1997）『寺田寅彦全集』第九巻、岩波書店、１２０～１２１頁。

（５）佐々木正人（2008）『時速２５０kmのシャトルが見える――トップアスリート16人の身体論』光文社新書。

（６）Fuller, R. B. (1975) *Synergetics*. New York : McMillan.

（７）Ingber, D. E. (1998) 'The architecture of life'. *Scientific American*, 278(1), 48–57.

（８）野中（2016）前掲書、第Ⅱ章「テンセグリティ――媒質としてのからだ」41～81頁。

レクチャー4

生態光学

新しい視覚理論

視覚は、たくさんのことに同時に注意している

ギブソンは、新しい視覚理論、「生態光学（エコロジカル・オプティックス）」を提案しました。きっかけは、30歳代後半の「アメリカ空軍パイロット選抜テスト作成プロジェクト」への参加でした。

第2次世界大戦中のプロジェクトの目標は、例えば、敵機を識別する能力が高く、状況にかかわらず安定した着陸ができる飛行士候補者の選抜でした。それまでの質問紙を用いた方法が、これらの能力を予測できないことが明らかになり、新しい方法が模索されていました。

伝統的な視覚研究は、真っ暗な実験室内に光点を提示して、そこまでの距離を答えるような課題を使ってきました。触覚のように、モノに直接ふれることのできない視覚で、距離をどうやって知るのかということが最大の問題でした。そこで、眼球の動きなどが詳細に分析されていました。

ギブソンは、カリフォルニアの空軍基地に新設された、「心理テストフィルム部隊」のヘッドに就任すると、さっそく動画テストをつくりました。まだ、「有視界飛行」がふつうの時代です。旋回後の地面への定位、周囲で急速に動きまわっている機体の識別

（敵か味方か）、着陸までの機体姿勢と速度のコントロールなど、パイロットはたくさんのことを視覚だけでやっていました。

動画テストの結果から、パイロットが、地面や地平線の見えを情報にしていることがわかりました。ギブソンは、パイロットが、周囲のたくさんのことに、同時に注意していることも知りました。

地面には肌理（テクスチャー）がある

ギブソンがまとめた「空軍プロジェクト報告書」に、次の一文があります。

「三次元知覚の問題、つまり距離知覚の問題は、観察する者から広がる、連続する表面の問題である。わたしたちが住むことができる、すべてのところには、地面、地表というサーフェスがある。……サーフェスがなければ視覚世界はない。……地面が視覚の基礎である」

1950年出版の『視覚世界の知覚』には、従来の視覚研究の「視野（ビジュアル・フィールド）」に代えて、「ビジュアル・ワールド（視覚世界）」という言葉が登場します。図1は、この本の冒頭にある飛行機からの景色です。

視覚世界は、「地面の上の視覚」のことです。何かを見る時には、地面も見ているということです。

1979年の『生態学的視覚論』には、次の一文があります。

「地上環境の基礎は地面である。……地面をつくる単位は、地球のすべての表面に繰り返してあらわれる。砂粒や小石や岩はどこでも同じ大きさになる傾向がある。……地面にある草の葉、草むら、藪は、地球のどこでも似ている。自然がつくる単位は、人工的な舗道のように完全に同じではない。自然の単位は、測量的にではなく、確率的に整っている」

図1　ビジュアル・ワールド（視覚世界）

確かに、すべての地面には粒のつくる肌理《テクスチャー》があります［図2］。

図2　地面の肌理

肌理の上にある棒

その頃、ギブソンは、南カルフォルニアで、刈り採った後のトウモロコシ畑を借りて実験をしました。地面に残されていた畝をならした真っ平の畑に、写真のように15本の棒を等間隔で、横一列に立てました。

図3Aの場面では、参加者は約13メートル先に並ぶ棒を見て、「中央にある棒の高さは、横のどれに近いですか」と聞かれました。中央の棒の高さは71インチ（180センチ）、参加者15名が回答した平均値は71・9インチでした。**図3B**は、徒歩3分、約204メートル先です。ここでの平均値は75・8インチ。**図3C**は徒歩10分、約720メートル先で、平均値は74・9インチでした。**図3C**の写真では中央の棒はほとんど見えませんが、

同じ肌理が遠くまで続いていた畑での回答は、かなり正確でした。

距離を変え、杭の高さを変えて行った、15名の参加者、合計１５０回の判断は、例外なく一定の正確さの範囲内でした。地面の上にあれば、棒の高さが正確に見えることが確認できました。

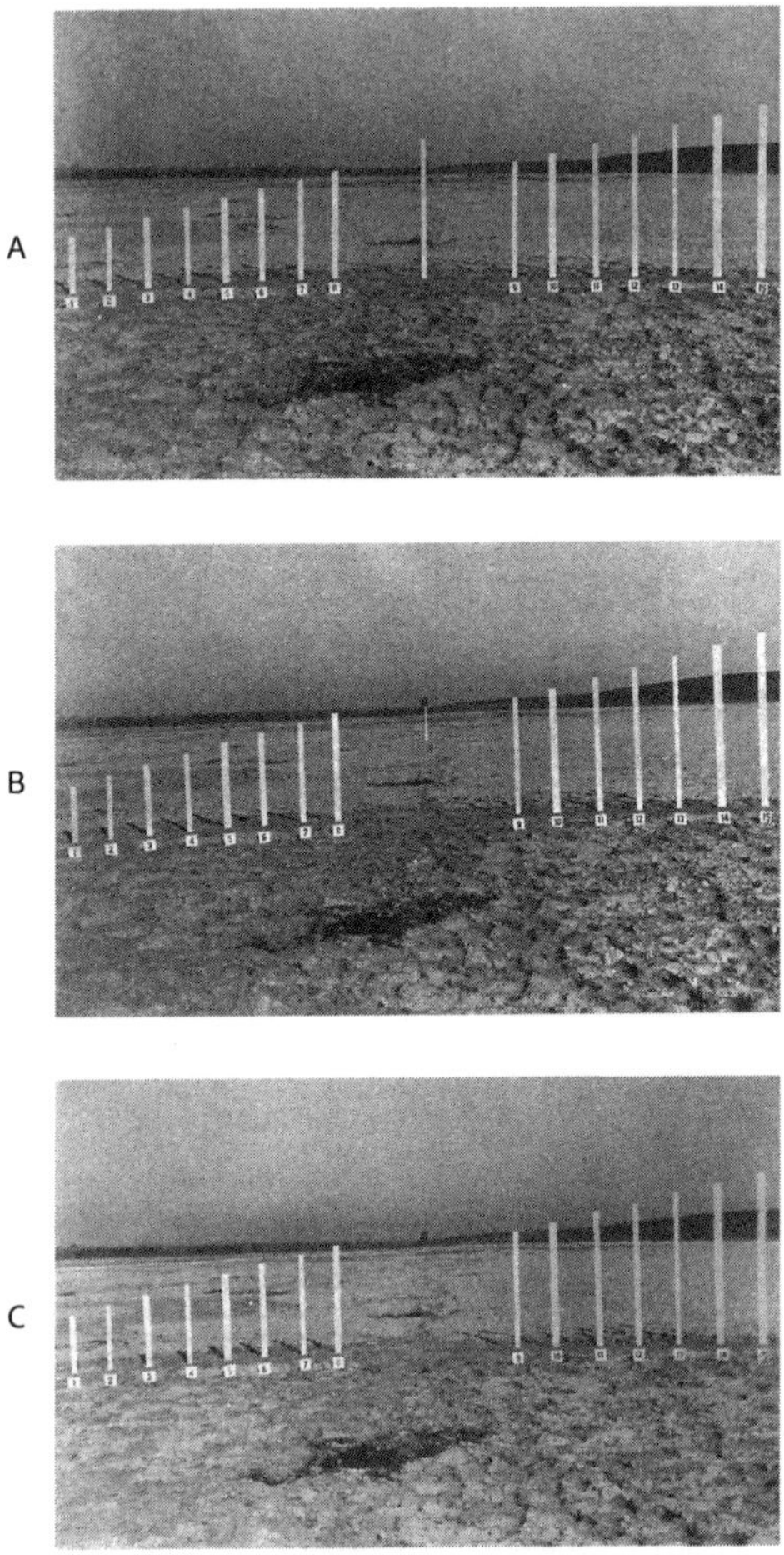

図３　トウモロコシ畑：棒の高さ知覚実験

まわりを見回すと、どのサーフェスにも肌理がありました。図４は当時のギブソンによる肌理のセレクションです。

オレンジの肌理にはみずみずしさが、パンの肌理には匂いと食感が見えます。木造りの車輪、ぶ厚い石のイスの肌理には、使い込まれた頑丈さと、長い時間が見えます。石を敷き詰めた舗道、波の打ちよせる海岸には、季節、気候、そして、その1日の経過を示す光と影が見えます。

図４　どの面にも肌理がある

たくさんのことが、面と肌理に見えます。パイロットの視覚研究をきっかけに、面と肌理、そして光が、視覚の根拠だと、ギブソンは考えはじめました。

包囲光（アンビエント・ライト）

視覚はこれまで、図5のように点光源［図5右端］にはじまり、点に収束する、放射光で説明されてきました。例えばヒトの眼では、「人工遠近法」の原理で放射光が網膜に点を結ぶ［図5左端］。そして点の集合がつくる像を、脳が解釈して、いま見えている視覚になると説明されました。

しかし、地球環境にはどこにも地面のように肌理のある面があり、そのまわりには空気が満ちています。光がそのようなところに投映されることを考えると、まったく異なる視覚についての説明が可能なことにギブソンは気づきました。そして長い時間をかけて、オリジナルな視覚理論、生態光学（エコロジカル・オプ

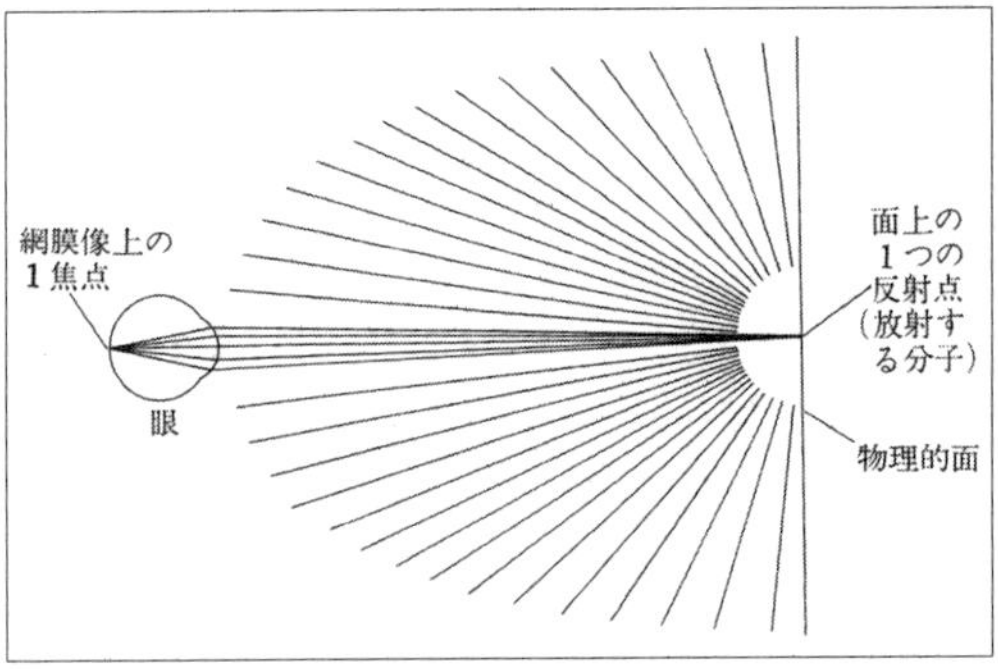

図5　伝統的な視覚モデル

ティックス）をまとめました。

図6のように日中には空からの光が空気を通過しています【図中の1】。秒速30万キロメートルの光は、空気中の、塵や水滴など空気中の分子に衝突し、全方向へ散乱します【同2】。散乱して進む光は、地面、植物、動物、建築など、あらゆる面の肌理にぶつかって、さらに散乱します【同3】。

このように散乱反射を繰り返す光は、空気中をあらゆる方向へと飛び交い、そこに濃密な光のネットワーク（網）をつくります。その結果、空気中のすべてのところを、すべての方向からの光が包囲することになります。ギブソンは、この

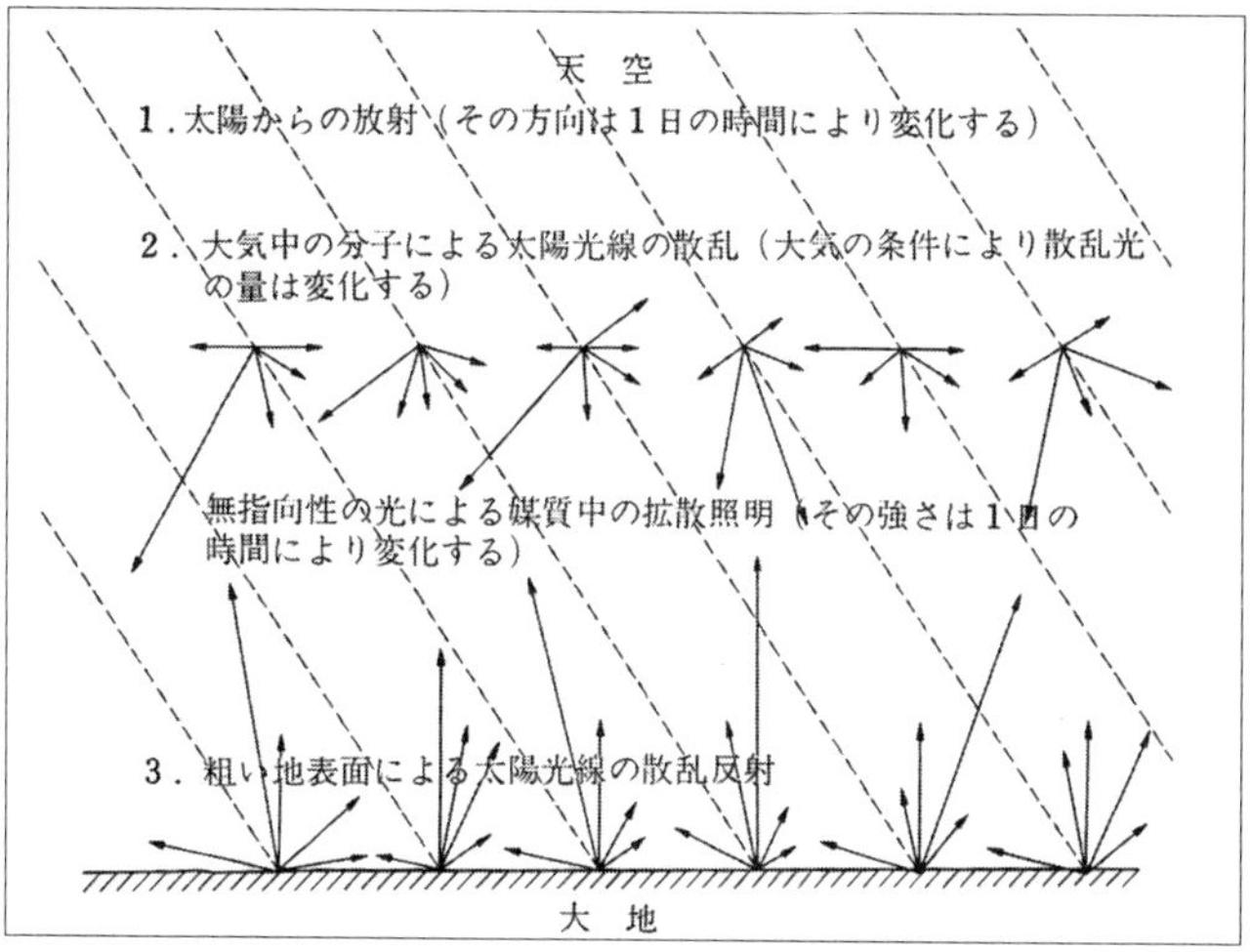
天　空
1．太陽からの放射（その方向は1日の時間により変化する）
2．大気中の分子による太陽光線の散乱（大気の条件により散乱光の量は変化する）
無指向性の光による媒質中の拡散照明（その強さは1日の時間により変化する）
3．粗い地表面による太陽光線の散乱反射
大　地

図6　空気中に散乱する光

光を包囲光（アンビエント・ライト）と名付けました。

図7の左は放射光で、右が包囲光です。放射光では、光は光源からすべての方向へ進みます。一方、包囲光では、光はすべての方向からきて、1つのところを囲みます。包囲光で囲まれているところが観察点です。

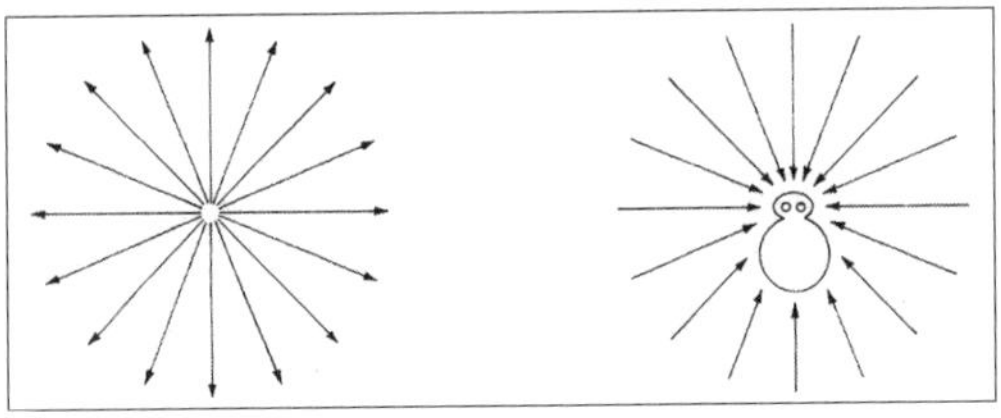

図7　放射光（左）と包囲光（右）

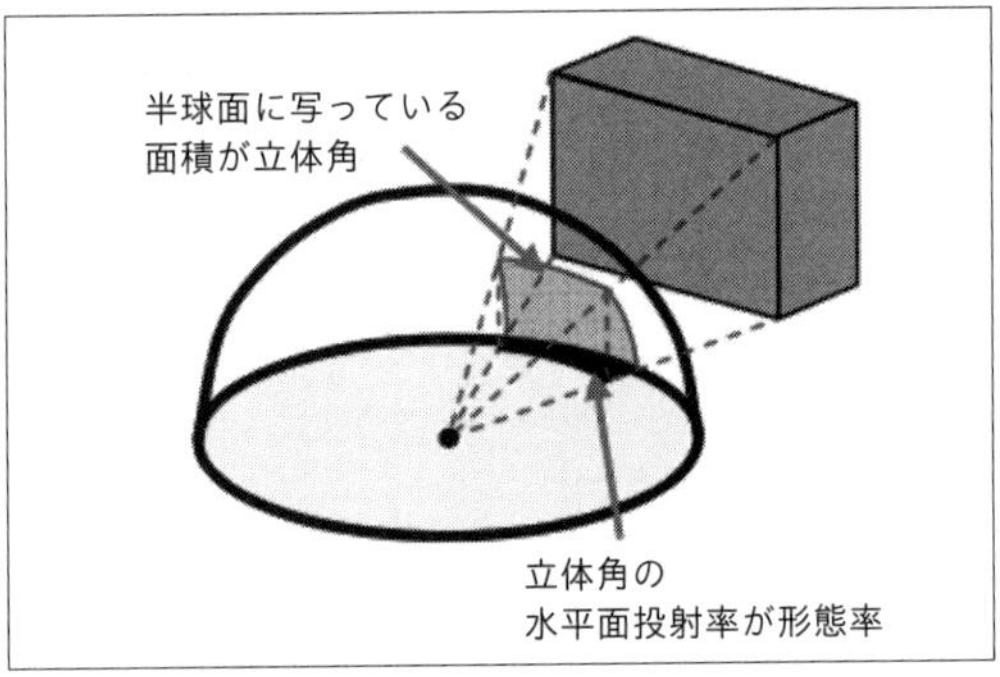

図8　包囲光は立体角の集まり

球状の包囲光は、まわりにある表面のレイアウトを投映しています。図8のように、周囲の表面の1つは、包囲光に1つの立体角（ソリッド・アングル）を投映します。日中の空気中には、どこにも、まわりの表面のレイアウトを投映している球状の包囲光があります。この包囲光が、動物に視覚を与えます。

図９　球面に描かれた周囲の表面のレイアウト。鮫島大輔／「Flatball」

図９は、手で持てるくらいの大きさの球の面に、「自然遠近法」の原理で周囲の景色を忠実に描いた鮫島大輔さんの作品です。

このアート作品は、空気中を埋める包囲光の情報がどのようなものかを想像させてくれます。空気中には、こうした情報の「粒」がぎっしりと埋まっているわけです。

変化すると、変わらないことが見える

図10Aは、部屋の中にいるヒトの眼を包囲する光です。まわりの1つの面は、包囲光に1つの立体角として投映されます。壁、床、天井のレイアウト、電球、床の机、さらに、窓から見える葉の繁る樹木などが、包囲光に構造をつくります。面の肌理レベルも含めると、ヒトの眼は、微小な立体角が密に埋まった光に包囲されています。

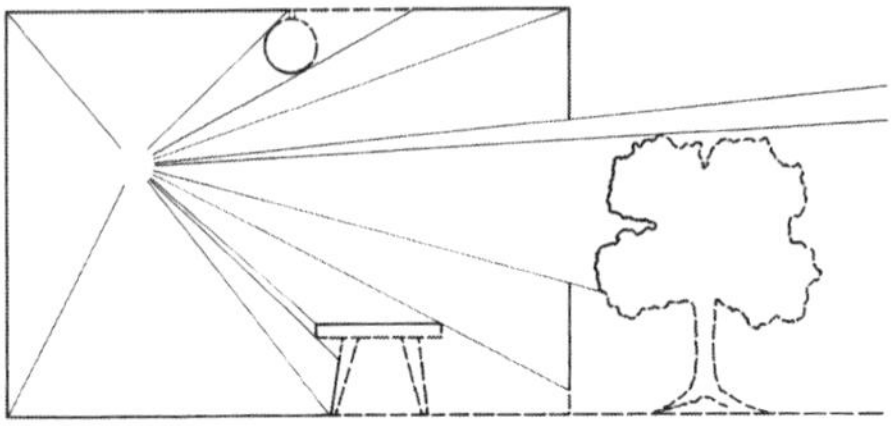

図10A　室内の包囲光

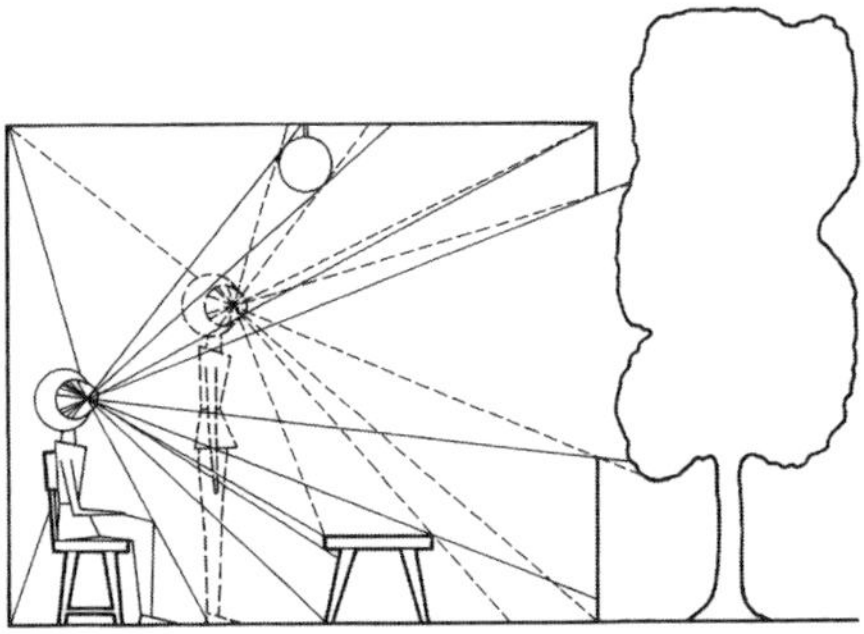

図10B　立っていたヒトが座る

図10Bでは部屋でヒトが立ち上がりました。包囲光の構造には変化が起こります。

包囲光の一部を、床のテーブルからの立体角が占めていますが、テーブル板が長方形の場合、真上から見る時以外

は、テーブルを投映する立体角は台形です。部屋の中で動くヒトは、多様な台形の推移を見ます。ヒトが動くと、投映される台形の4辺の長さと、4つの角度は変化します。ただし、同じ長方形が投映された台形ですから、4辺の間と、4つの角度間の比率は同じです。

このように動きによる変化からモノの、変わらない性質があらわれます。それを「不変項(インバリアント)」といいます。不変項が、変わることのない机の視覚を与えます。包囲光の立体角に起こる変化が、変わらない視覚の情報になるわけです。

例えば、多方向へグニャグニャと折り曲げた針金を、光でスクリーンに投影すると、動きを止めるたびに違う曲がり方をした線が映ります。しかし針金をくるりと一周させると、折り曲げられた一本の針金がつくる立体的なかたちが見えます。このように視覚は変化に、変わらないことを見ています。

オプティカル・フロー

図11は、何もない砂漠に立っているヒトの包囲光です。晴れた空からの包囲光の上半球には構造がなく、下半球には、地面の肌理を投映する構造があります。ヒトが歩くと、

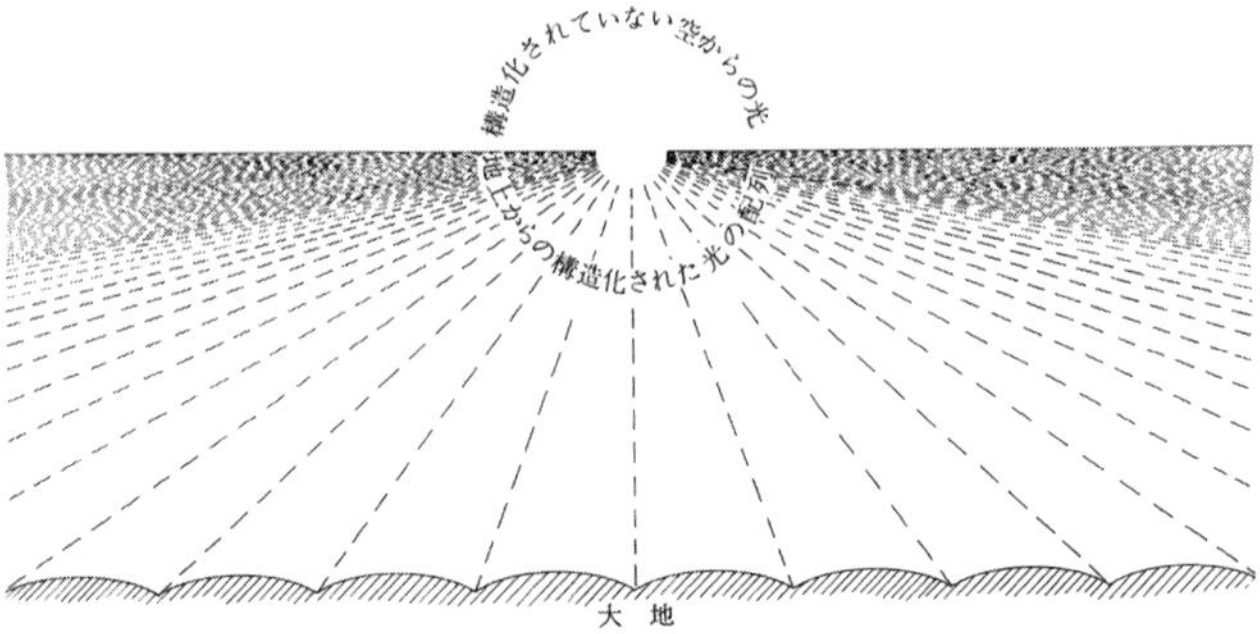

図11　何もない砂漠にある眼の包囲光配列

包囲光の構造が乱れます。乱れが身体の動きの情報になります。起こる乱れを一定の範囲に保てば、転倒せずに、歩行を続けられます。

包囲光配列には、**図11**のように、常に面が肌理のレベルで投映されています。移動すると、包囲光を埋めている微小な肌理に流れが起こります。

図12上は、「ムービング・ルーム（動く部屋）」と呼ばれる実験室です。壁が天井から吊り下げられ、床からわずかに離された「動く部屋」です。

中に立っている参加者は、前方の壁をずっと見ているように言われます。壁は数センチ幅で、参加者から離れる（図右）か、向かってくる方向（図左）に動きます。下の図のように壁の肌理を投映している包囲光は拡大（左）か縮小（右）します。壁が数センチ近づくと、参加者の姿勢は壁に「押される」ように後ろへ、遠ざかると「引き寄せられる」ように前へと、わずかに動きました。図12下の2つの曲線が示すように、参加した知覚者と壁の動きは、同調していました。

環境面の肌理を投映する包囲光の流れを、オプティカル・フローといいます。

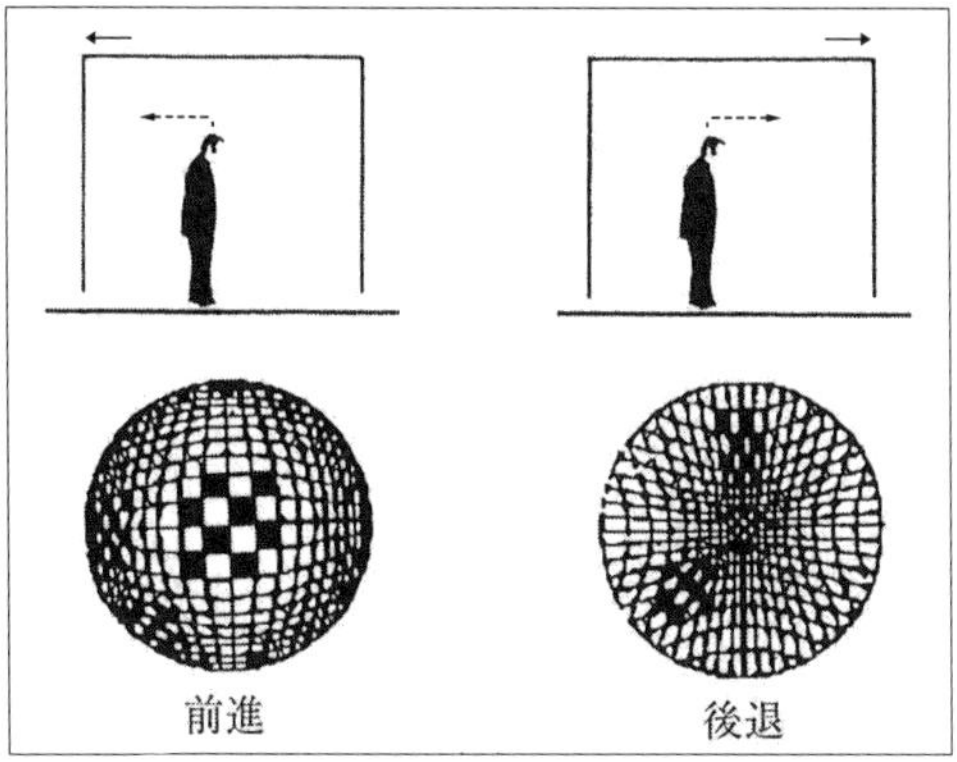

部屋の動き（上）と壁の肌理の流れ（下）

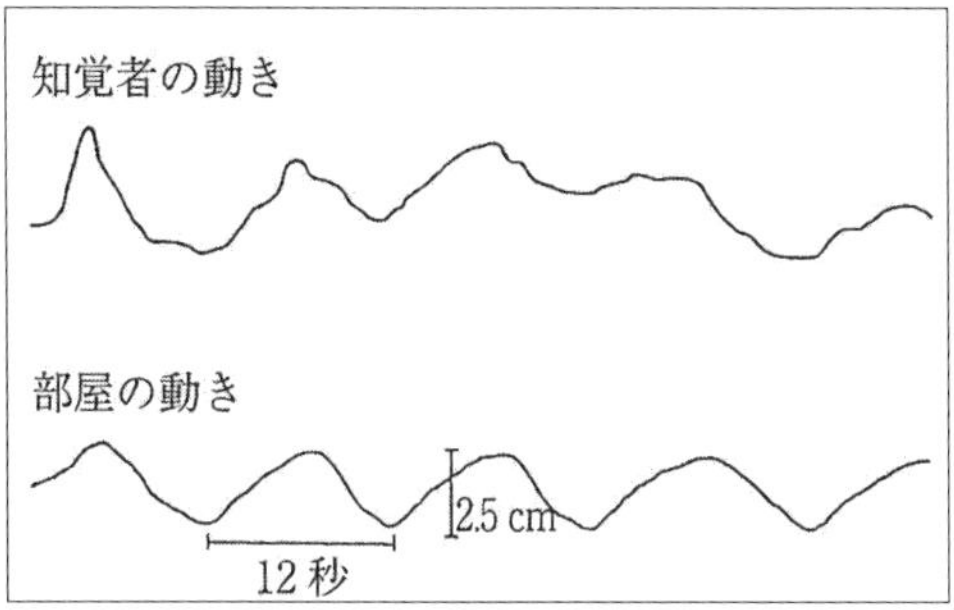

部屋の動きとからだの動きの同調

図12　ムービング・ルーム実験

図13は飛ぶ鳥を囲むオプティカル・フローです。鳥の前方の、フローが流出するところが目的地の方向で、後方の、フローの流入するところは鳥が出発してきた方向です。鳥はフローの流出と流入をつなぐ軸の上を、飛んでいます。

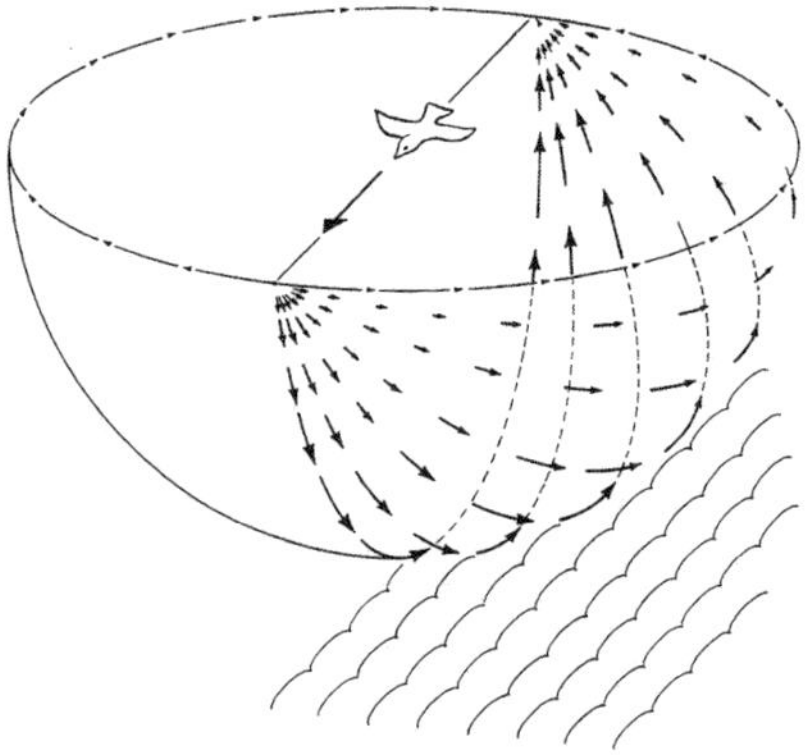

図13　空を飛ぶ鳥を囲むオプティカル・フロー

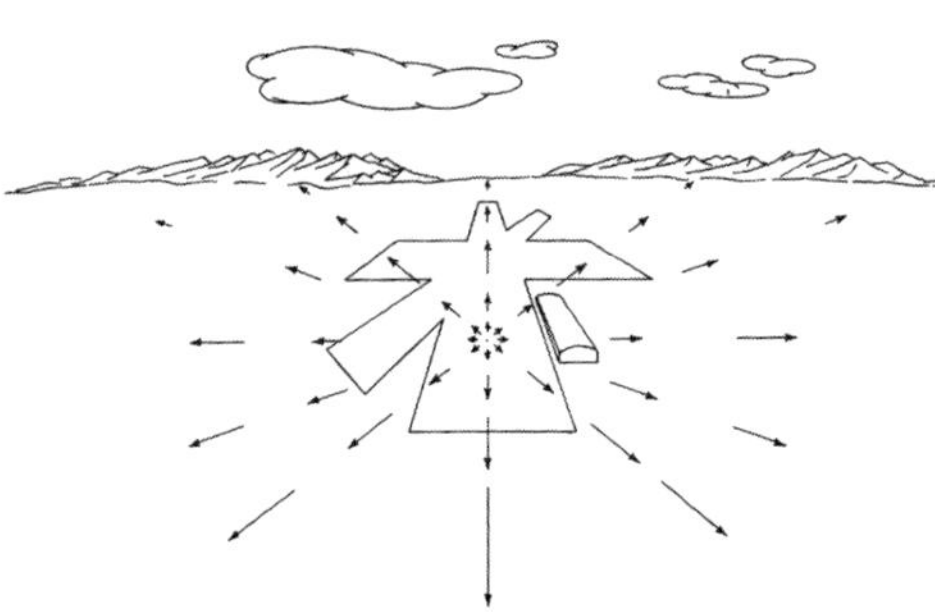

図14　接近している滑走路のオプティカル・フロー

図14は、滑走路に向かっている飛行機のパイロットが見る着陸地点からのフローです。

そして、図15は広い高速道路で、ドライバーが見るオプティカル・フローです。

環境にあるサーフェスのレイアウトを特定する、包囲光の大きな構造の変化には、知覚者の移動方向や速度をあらわす、微細なオプティカル・フローが常に重なっています。

コーネル大学のギブソン研究室は、オプティカル・フローを用いるフライト・シミュレーターを開発し、この手法は長く使われています。

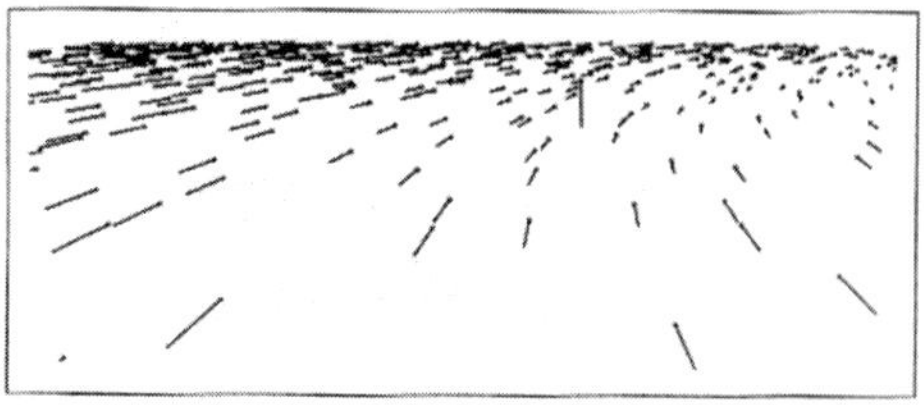

図15　ドライビング中のオプティカル・フロー

視覚は遮蔽である

ギブソンは、視覚の情報は遮蔽だとしました。

立体角が集まり包囲光の球をつくります。一つの立体角は、そこに投映される面のレイアウトに、十分には対応していません。なぜなら、どの環境でも、いま見ているレイアウトの後ろに、その隣のレイアウトが隠れているからです。

例えば、街を歩く時、いま見える建物の後ろには、多くの建物が隠れています。森でも同じです。歩いていると、樹木の後ろに隠れていた樹々が、次々とあらわれます。移動すると、いま見えているモノの後ろのモノがあらわれます。これが地面の上の移動でいつも起こることです。

まわりの面を投映する包囲光の立体角は、隣の面の立体角を埋め込んでいます。この事実について、ギブソンは、包囲光配列は絵画のように線で区切られてはいない、包囲光は「膜や殻」に似ていると書きました。

環境の面と、その隣の面には区切れ目がなく、互いに「包み込んで(包摂)」います。環境全体の性質は、包囲光で隣り合う立体角どうしの入れ子で示されます。

遮蔽の縁に情報がある：可逆的遮蔽の原理

視覚では遮蔽の縁が重要なことを、ギブソンは以下のように書いています。

「環境のレイアウトには、観察点に投映されている面はもちろん、まだ投映されていない面が含まれている。わたしたちは観察点に投映されている面だけではなく、環境のレイアウト全体を見ている。モノはまるごと見える。モノは他のモノの前にあるように見える。……いま見える面には、それが隠している面、つまりレイアウト全体の情報がある。……その情報は包囲光配列の構造が変化することで、時間をかけて明らかになる。その情報は、1つの面と隣の面の縁に埋め込まれている。縁は、隠す面と隠されている面の両方を同時に示す情報である」

「この原理は、ほんの数センチの動きでも、数キロの移動でも同じである。これを可逆的遮蔽の原理とよぶ。……見えないことを見るためには、想像して思い浮かべるのではなく、ただ移動すればよい。隠れていたことが縁からあらわれてくる」

図16は遮蔽縁にある情報の例です。階段を降りる時、図の左右の階段のかたちの違いは、移動すると見えてくる遮蔽縁にあらわれます。左の角のある段では遮蔽縁は鋭く変化します。一方、右の角が丸い段では、遮蔽縁はラウンドします。右の段に近づくと縁は、面に沿って滑りますが、左ではそのような変化は起こりま

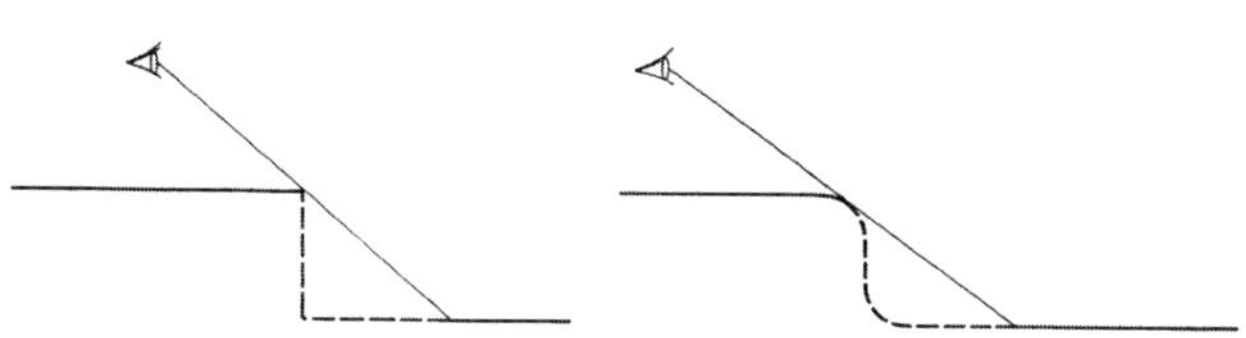

図16　二種の段の縁（破線は遮蔽部分）

せん。こうして遮蔽縁の変化から2つの段のかたちが識別できます。

「自己遮蔽（セルフ・オクルージョン）」は、モノをつくっている1つの面が、その隣の面を隠す遮蔽のことです。モノが動くと、観察者に近い面を、遠い面が遮蔽します。

図17左の多面体が回ると、シャープに変化する遮蔽縁が4回あらわれます。遮蔽の回数で、モノを構成している面の数がわかります。**図17右**の球では、遮蔽縁はずっとラウンドします。それがモノが球であることを示します。モノをつくる面どうしの縁で起こる「自己遮蔽」で、モノ全体のかたちがわかります。

地球上に、「空間（何もないところ）」はありません。いま見ているすべてのところは、必ずその先にあるところに続いています。ギブソンはこのふつうの経験を、「視覚のエコロジカル・アプローチ」の根拠にしました。

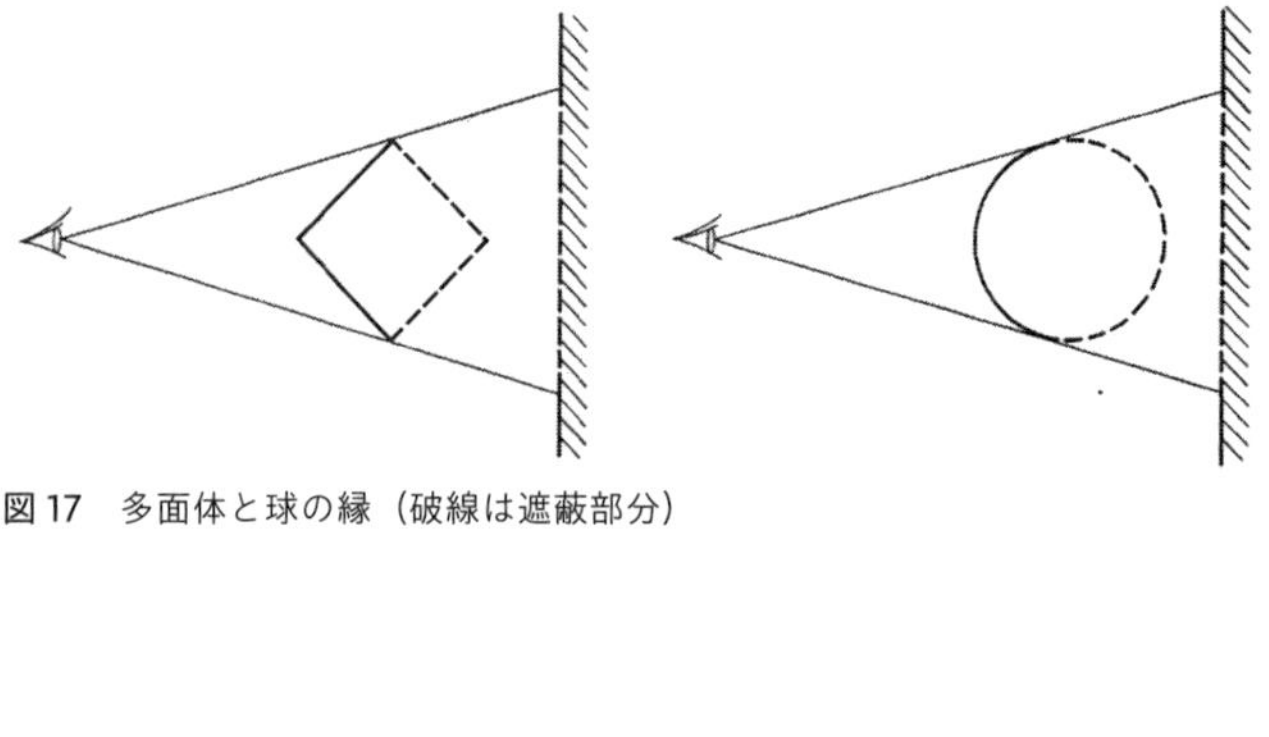

図17　多面体と球の縁（破線は遮蔽部分）

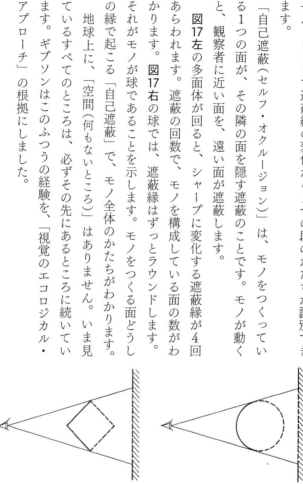

ます。

視覚は膨大な変化と不変に囲まれている

すべての視覚は、飛行中のパイロットのように、同時にたくさんのことに注意しています。

街や建物の中にいる時には、いつも、ここがどこかを見ています。それを示す情報は、包囲光配列にたくさんあります。はじめての街に、なじむあいだは、「いまどこにいるか」の情報をいつも周囲に探しています。

視覚には、変化を示す情報もあります。木の葉の動きで気象がわかります。自分の移動の仕方、からだの動きの特徴は、いつも包囲光の変化に重なる微細なオプティカル・フローに見えています。

どこでも視覚は複雑です。いま見えているところの向こうには、尽きることのないところが見えます。これらの全てに囲まれ続けることが視覚なのです。

多様な眼

動物の眼は多様です【図18】。光の感覚を持たないとされてきたミミズも、弱いロウソクの光で照らすと、すぐ土のトンネルに潜り込みます。光受容細胞がミミズの頭の先端にあります（レクチャー7参照）。

　ミミズにある光受容細胞が進化したのが、原生動物や無脊椎動物に見られる眼点（アイ・スポット）です。Aはカブトガニの眼点です。光が入りすぎないように皮膚の下の小さな穴の中に光受容細胞が並び、それらは神経につながっています。入口を覆う透明な皮膚に、膨らみがありますが、それは像を結びません。

　眼点の数を増やして、数百から数千の個眼が、凸状に集まったのが複眼［B］です。動物の

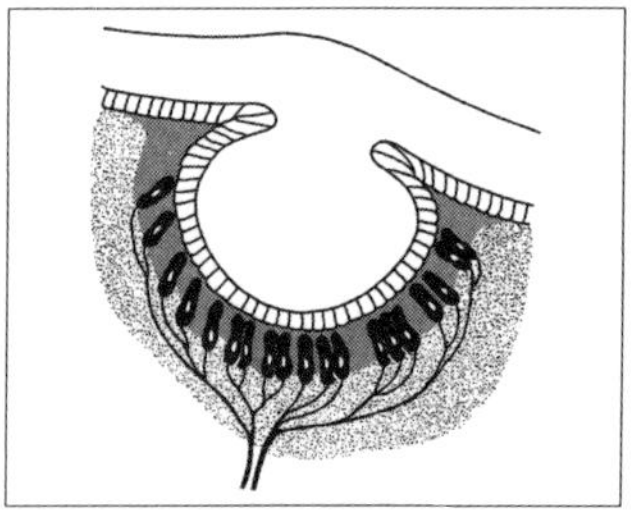

A：単眼あるいは眼点（カブトガニ）

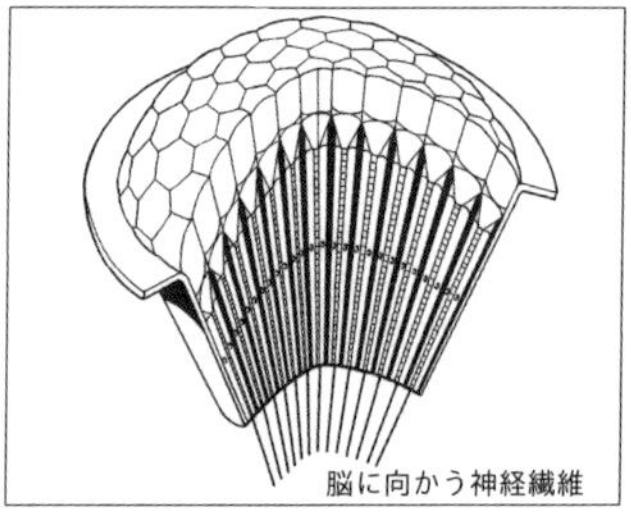

B：複眼

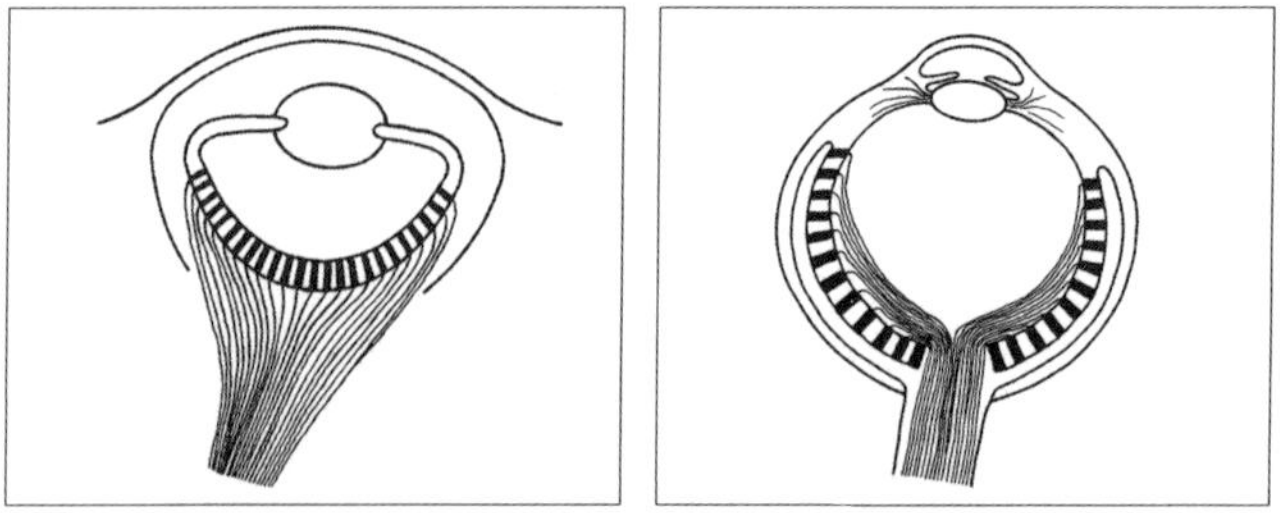

C：レンズ付き房状眼。左が軟体動物のイカやタコ、右はヒトなどの脊椎動物

眼の80パーセントを占める節足動物の複眼も、方向による光の差を識別するだけで像はつくりません。

1個の眼点が大きくなったのが、凹状の個眼［C］です。イカやタコなどの軟体動物（左）と、ヒトなどの脊椎動物の凹状眼（右）にはレンズがあり像を結びます。**図C**のように、眼の奥にある網膜と神経のつながり方は、軟体動物と脊椎動物では大きく違います。ただしどちらの眼でも包囲光にある光の順序は保たれています。

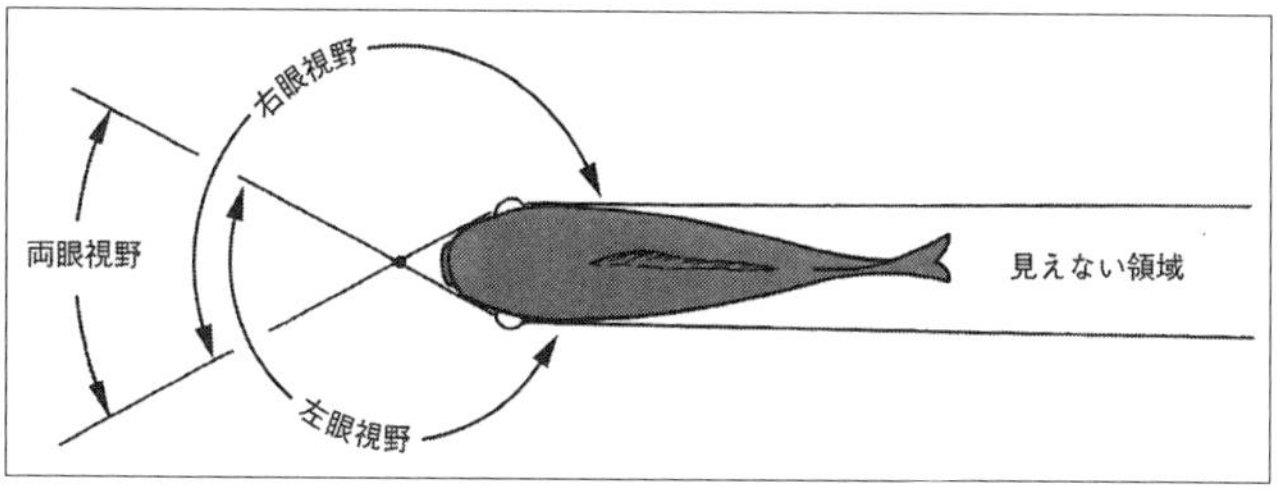

D：魚の側方眼

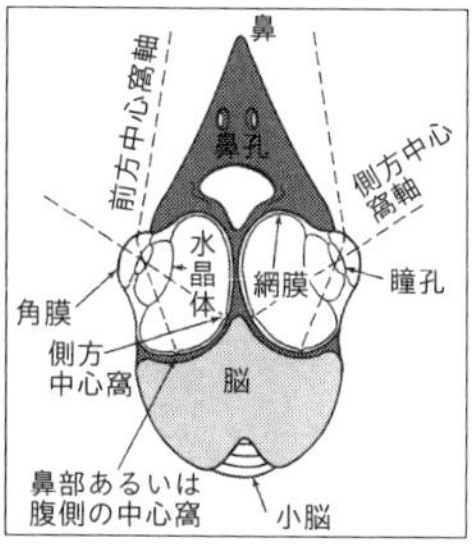

E：鳥の眼（ツバメ）

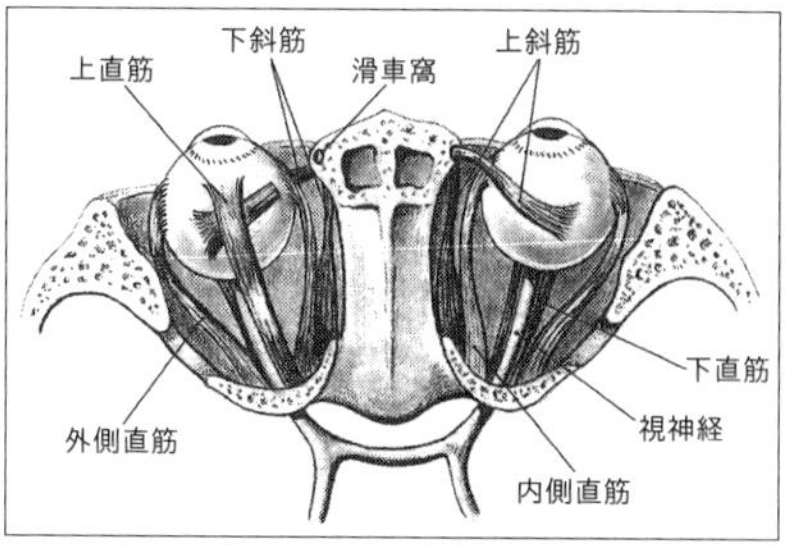

F：正面を向いているヒトの両眼

図18　多様な眼

頭部に眼を持つ脊椎動物の眼は多様です。魚の側方眼【D】は頭の横にあり、常にまわり全体に注意しています。ウマ、ウシ、ウサギなど草食動物の眼も同じです。前と左右から接近してくる肉食動物が同時に見えます。側方眼の網膜には、感度の良い中心窩があります。側方眼の2つの眼は、両手のようにそれぞれが勝手に動きます。

Eはツバメの眼です。前方と側方に注視できるように、視力のよい中心窩が各眼に2つずつあり、あたり一面を同時に見ながら飛びます。水平線がよく見えるように、帯状の中心窩を持つ鳥もいます。

Fのヒトの両眼は顔の正面にあります。左右の眼には中心窩が1つずつあります。上下、内外、斜めに眼を引っ張る眼筋で動き、左右の眼は同じところに向きます。自動車の前輪のように、両眼は一体に動きます。木々が繁った森の中を動き回る、絵を描く、本やスマホの画面を読むといった多様なことができます。

いろいろな眼がありますが、どの眼も、包囲光の全体に広く触れ続けて、視覚の注意をできるだけ長く維持するための器官です。動物によって違う生息場所と、活動の特徴がつくった進化の産物です。

レクチャー5

面のレイアウト

地球には面（サーフェス）がある

紀元前3世紀頃にまとめられたと言われるユークリッド幾何学は、それ以上は分けられない「点」と長さはあるが幅のない「線」、そして、無色透明な「平面」で、何もない「空間」を描きました。この抽象的な幾何学には、「面（サーフェス）」がありません。

しかし、地球に生きる動物は、空気に露出する面に囲まれています。

面では化学反応や蒸発が起こり、そこから空気中に微小な物質が広がります。面は振動します。スピーカーは面の振動を増幅する装置です。面には微細な肌理《キメ》があり、それが光を吸収し、反射します。それが面の色です。

面にはレイアウトがあります。面のレイアウトは特有の粘りを持ち、加わる力に抵抗します。この性質が、動物に歩く、走る、登るなどの移動を与えます。縦と横に面を組み合わせると、媒質を囲むことができます。それを巣や家にして動物は暮らしています。面のレイアウトは、動物に生活を与えています。

レクチャー5のテーマは、面のレイアウトです。面のレイアウトの幾何学を、生態幾何学と言います。それは応用幾何学の一つです。

地面で、重力と空を知る

もっとも重要な面のレイアウトは地球のサーフェス、地面です。地面は平均すると重力に垂直で、他のすべての面の基準です。地面には、地球と空の縁である地平線があります。重力と空の2つが地面を包囲しています。動物は、地面に押し付けられることで重力を知り、地平線で区切られるところとして空を知ります。

広い砂漠など、何もないところを「オープン・エンバイロンメント」と呼びますが、それ以外のふつうの地面には、草が生え、皺があり、大小の凹凸があります［図1］。地

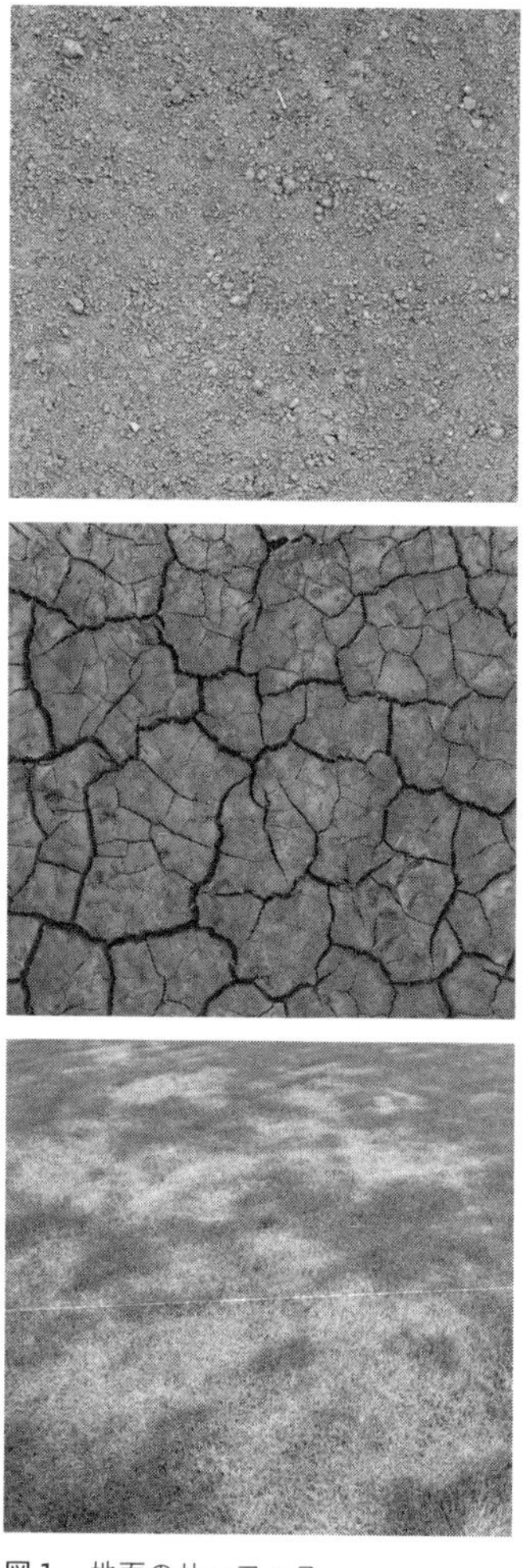

図1　地面のサーフェス

面の上にはいろいろなモノが散らばっています。つまり大部分の地面は、部分的に囲まれています。

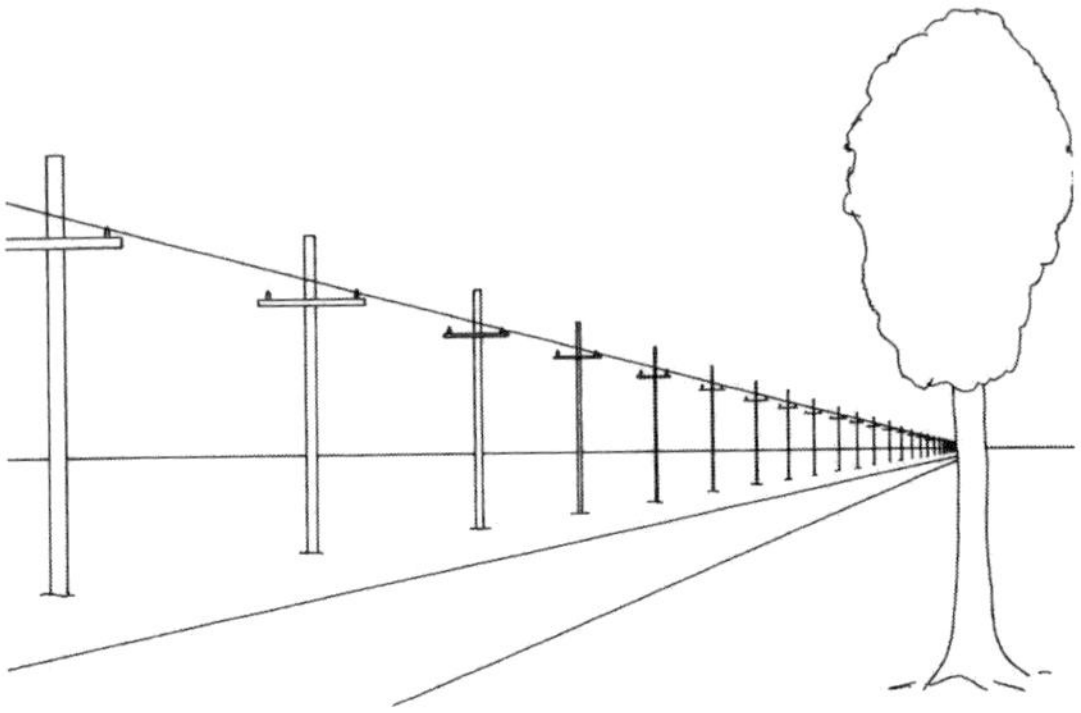

図2　地平線比率

地面に同じようなキメがずっと広がっていれば、レクチャー4の「畑に立てた棒」のように、はるか遠くにあるモノの大きさも、それが遮るキメの量でわかります。モノとキメの比率が、地面の上にあるモノの視覚の情報です。

図2は、地面に並ぶ電柱と木です。遠くの地平線は、すべての電柱と木の、下から約3分の1（0・36）のところを横切っています。地平線はこの景色を見ている動物のちょうど眼の高さです。これを基準にすることで、電柱や木の高さがわかります。これを「地平線比率」といいます。地面と地平線は、モノの「大きさの視覚」の基準です。(1)

面のレイアウトで動きがはじまる

(1)床の段差とふとんの凹凸

建物には床があり、床面には凹凸があります。

図3は階段を降りはじめた8人の足です。1、2、5の3名の靴先は、階段の縁にピタリと合っています。他の5名の靴先は、わずかに縁から出ています。どちらも、安全に重心を移動するために、段の縁を使う方法です。階段の縁への接触の仕方で、前へ傾いていくからだの動きをコントロールしています。階段の縁は、段差を安全に降りるために重要な面のレイアウトです。

家の床の上には、いろいろなモノが置かれて、凹凸のある面のレイアウトをつくっています。

2名のあかちゃん（KとD）の記録から、面のレイアウトで新しい動きが発見された事例を紹介します。日付は、誕生からの日数です。(2)

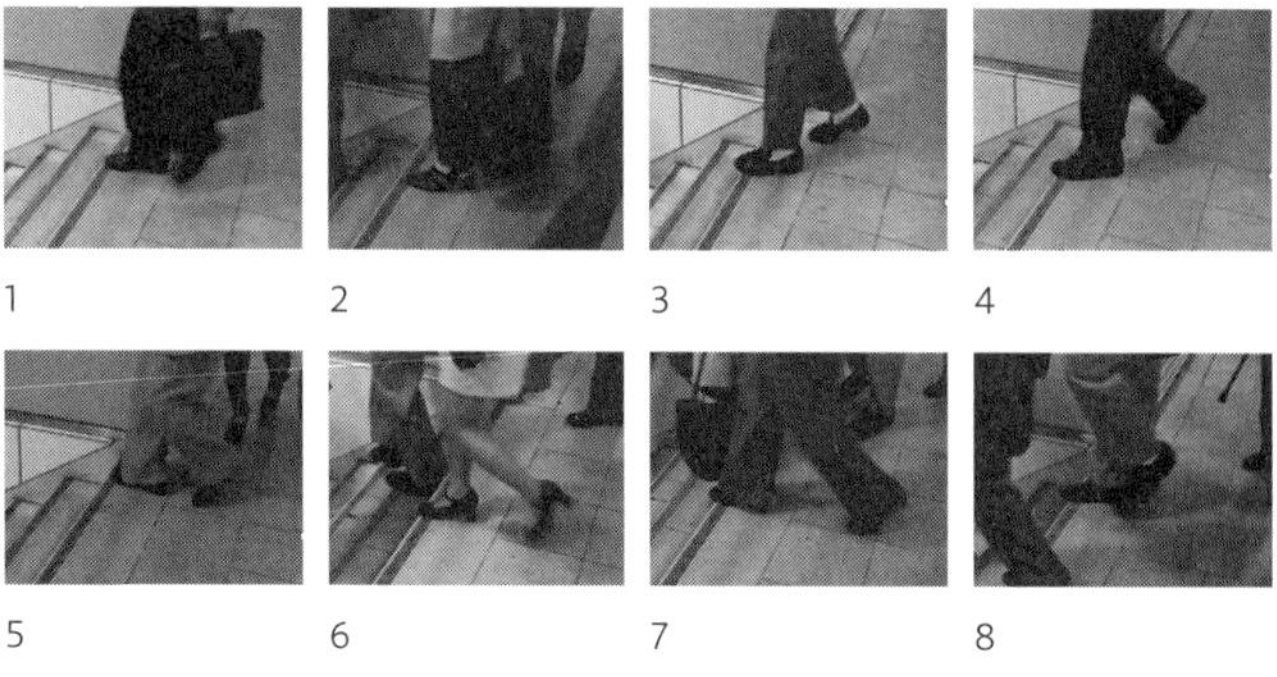

図3　階段を降りる足

■5カ月18日目

ベビーふとんに仰向けに寝ていたKの両足が床に出ました【図4】。両足で床を蹴ると【a】、左側へ寝返りました。はじめての寝返りでした。Kは「アー」と声を出しながら【b】、頭をグッと持ち上げました【c】。ふとんと床の段差で、横へ回る勢いがついて、うつぶせの姿勢になりました。あかちゃんは平均3カ月齢くらいで「頚がすわり」、全身の動きがつながります。Kの寝返りとうつぶせは、小さな段差ではじまりました。

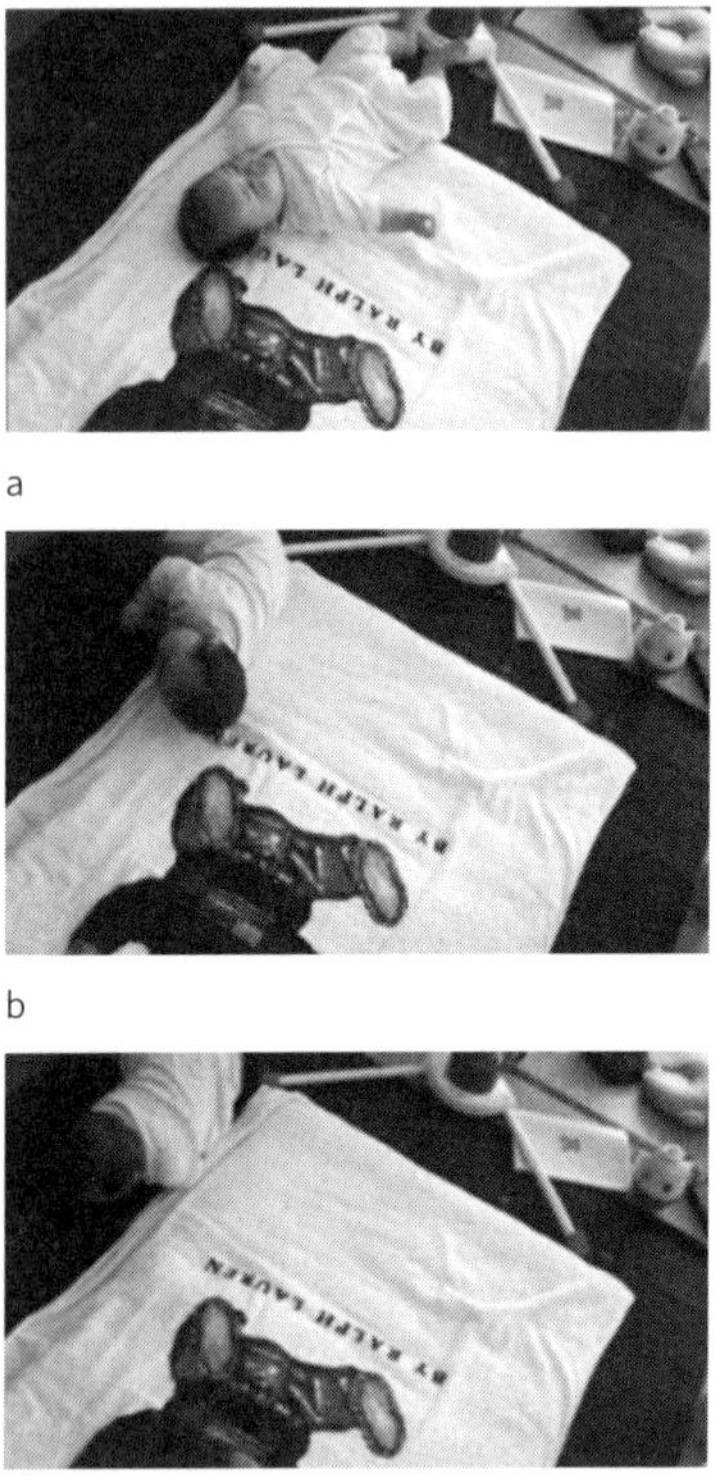

a

b

c

図4　段差ではじめて寝返る

■6カ月23日目

ふとんの縁に、上半身をのせるうつぶせで、ふとん上のおもちゃに左手を伸ばしたけれど届かない。すぐに右手でシーツを摑んで、力を込めて引き寄せながら、左手をおもちゃへ伸ばすと【図5】、指先がおもちゃに触れました。床とふとんの段で、はじまった「うつぶせのリーチング」です。

■7カ月15日目

ふとんの上でうつぶせになる【図6】。ふとんのくぼみに埋まった両足を押すと、頭も前へ押されて床に落ちた。はじめて、尻が持ち上がる「高這い」の姿勢になった。ハイハイのはじまりである高這いが、布団にある凹面ではじまりました。

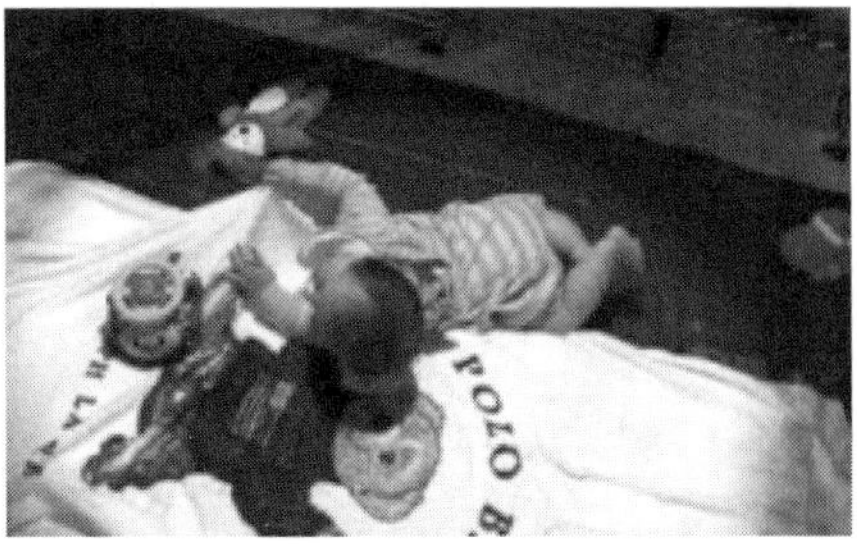

図5　はじめてのうつぶせリーチング

図6　ハイハイになる「高這い」姿勢の開始

■11カ月4日目

ハイハイで洗面所とキッチンの間の段に来る。縁に両手を置いて、ゆっくりと下の床を見る［図7a］。次に、立ち上がり、両手で横のタンスに立てかけられていた座布団を横に倒した［b］。段の高さが「低くなる」と、ハイハイに戻って段を降りました［c］。

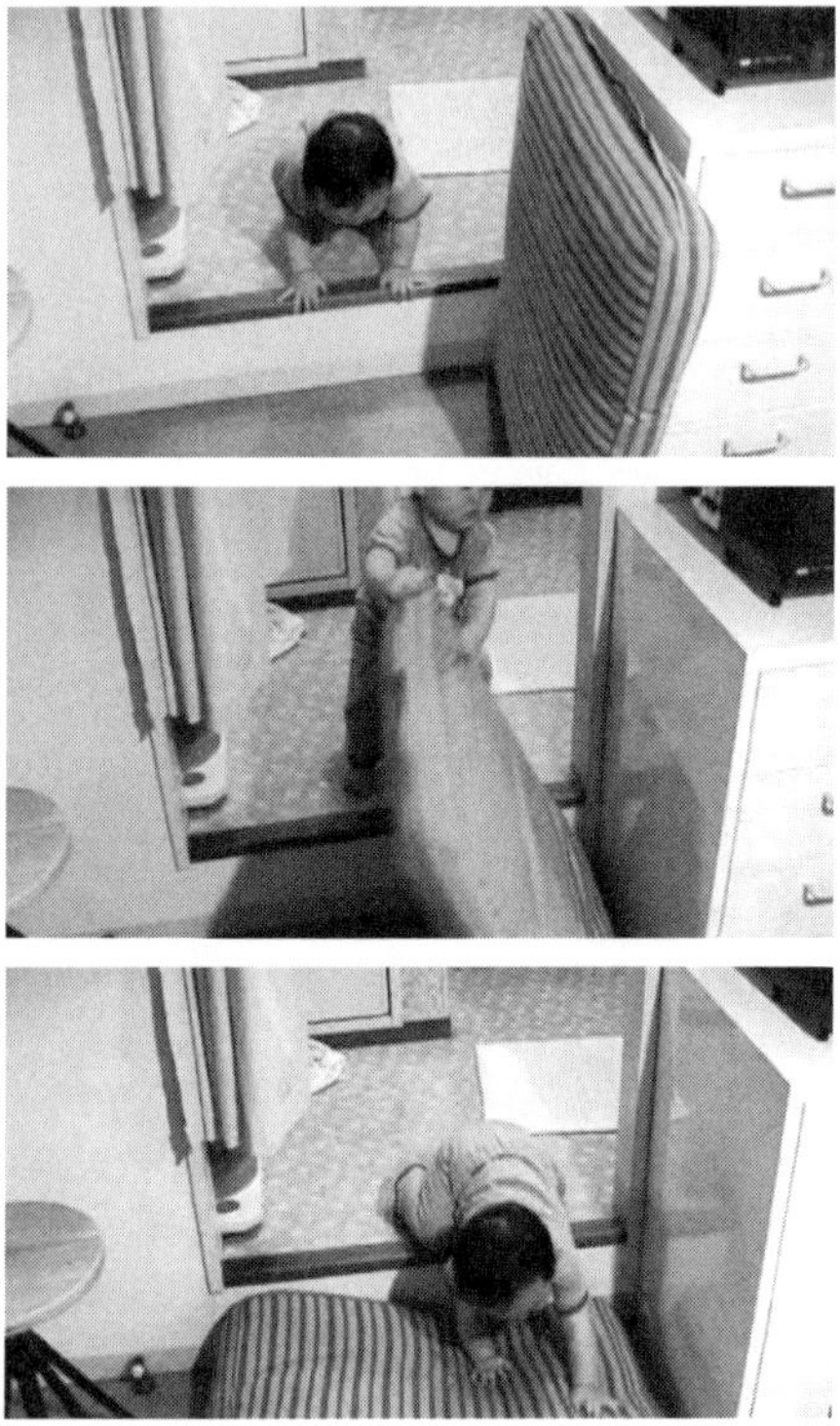
a
b
c

図7　段の高さを座布団で変えて移動

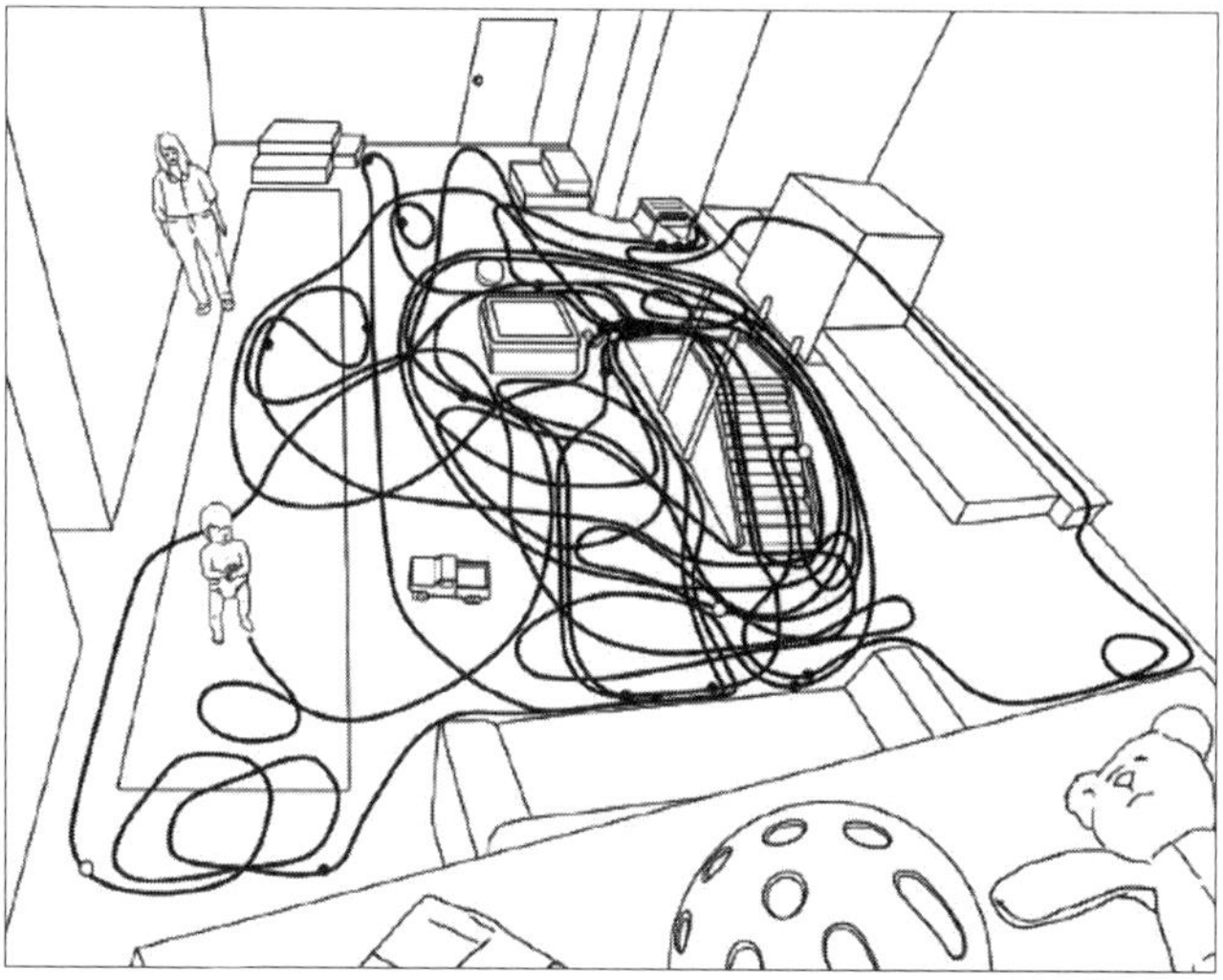

図8　プレールームでの移動軌跡

⑵床の広がり

図8は、たくさんのモノが置かれている大学のプレールームで、歩きはじめの乳児の移動の軌跡を記録したアメリカでの記録です。参加した100名を超える乳児は、平均して1日で約1万4千歩、4キロメートルくらい歩きました。まっすぐに歩くことは少なく、左右に揺れながら4～5歩、前進すると方向を転換する、あるいは転ぶことの繰り返しでした。歩きはじめた乳児は、平らで広い床を歩き回ることで、そこを十分に味わい尽くしていました。(3)

⑶付着物：地面とつながっているモノ

「付着物（アタッチド・オブジェクト）」は、地面に引っ付いて（アタッチ）、そこから引き離せないモノです。付着物の面のレイアウトは、空気で完全には囲まれていません。付着物の面の一部は、地面や床とつながっています。凸面体が多く、屋外の樹木や岩石や建物、屋内の壁、ドア、重い家具などは付着物です。

つかまり立ち

■8カ月21日目（つかまり立ちの開始から5日後）

壁際には、雑誌の並ぶ本棚が置かれ、上の棚には花瓶があった［図9］。図には両手足に付けたマーカーの軌跡も示されて、手で触れ、足を付いた位置の変化を示しています。手をどこ

図9　壁際本棚でつかまり立ち

に付くかを、慎重に選んでいました。手にやや遅れて、床に足を置くところ、とくに前後を微妙に調整しました。最後は、右手を伸ばして、棚の上の白い花に触れました。[4]

壁の後側へ行く

■9カ月20日目

リビングで座っていたD［図10a］が、ハイハイで廊下へ［b］。母親の「どこに行くの?」という声。Dは廊下を移動して［c］、玄関で父親に出会う［d］。「来たな、D」と父の声がした。父親の帰宅をきっかけにはじまった、壁の遮蔽を越える屋内の移動。

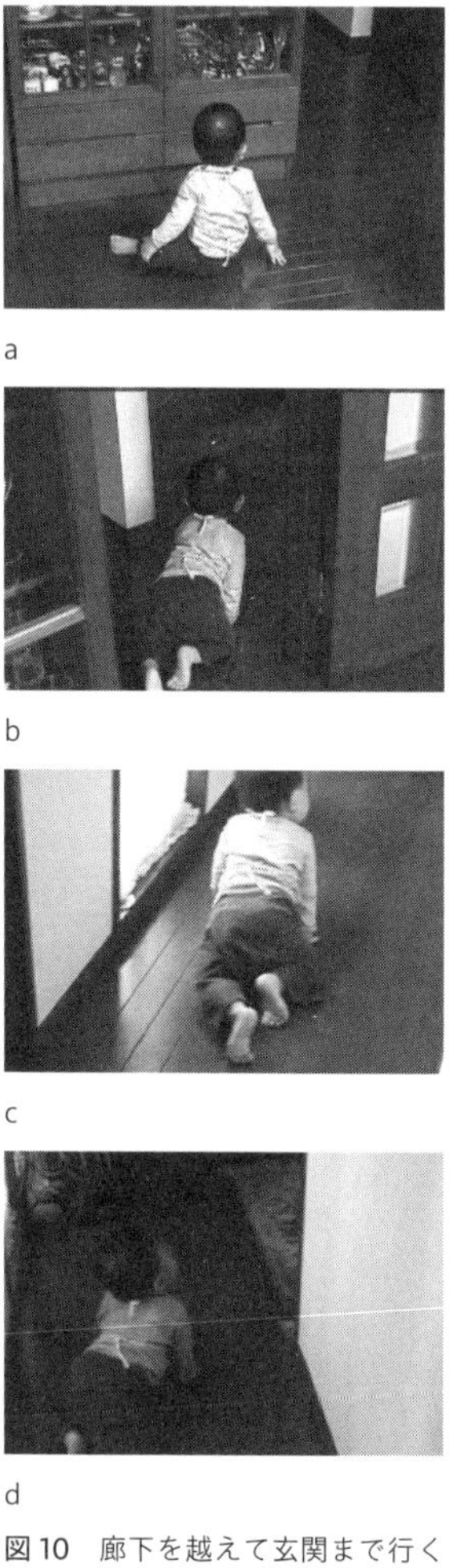

a b c d

図10　廊下を越えて玄関まで行く

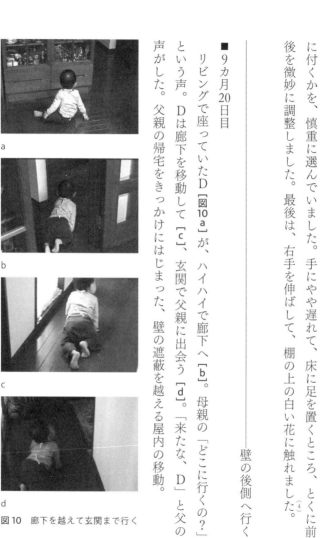

■10カ月23日目

歩きはじめのDは、よろよろ歩いて壁のそばに行く［図11a］。両手を壁について、壁を舐めた［b］。よろけながら、右側の壁に両手を挙げて接近［c］、そこでも両手を壁に付けて口が触れた［d］。壁を利用するこの時期の移動。

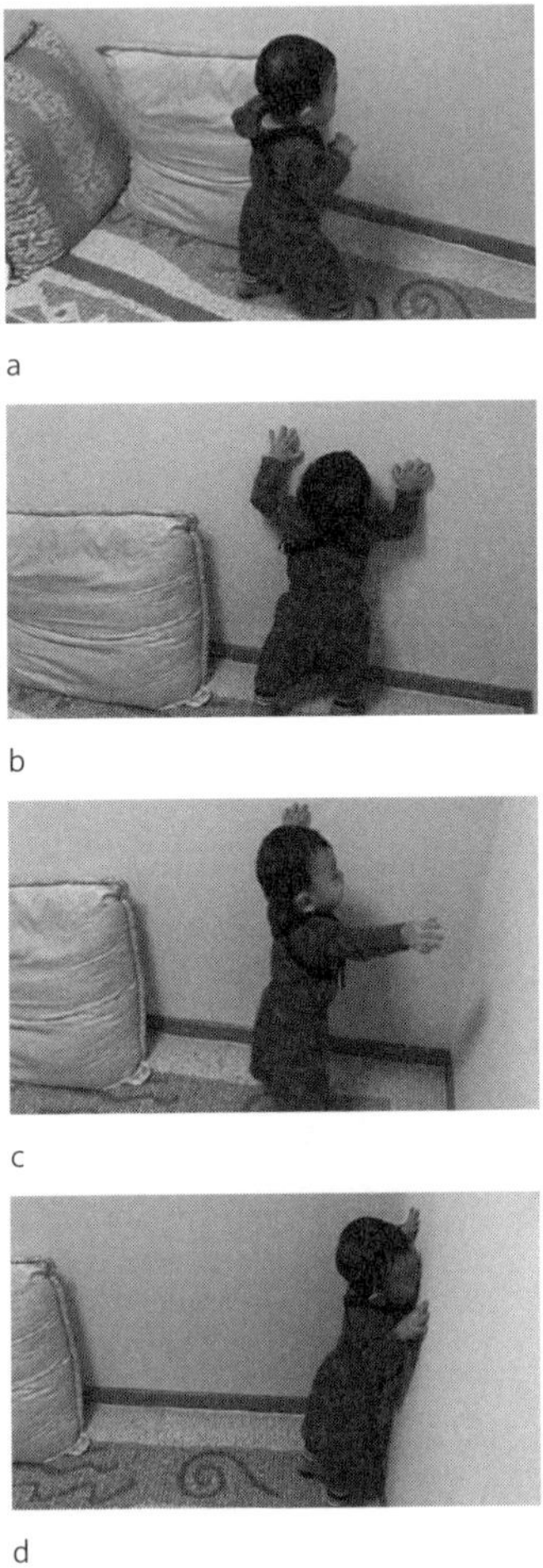

図11　壁際を歩く

(4)穴と囲み

「囲み」は、媒質を囲んでいる面のレイアウトです。媒質を完全に囲む面のレイアウトは、卵や繭などですが、囲みの多くは、媒質を凹状の面のレイアウトで囲む「穴」です。

■10カ月24日目

キッチンタンス、最下段の引き出しの中に、食材の入るビニル袋がたくさんあることを発見［図12 a］。Kは床に座って片手あるいは両手で、袋を1つずつ取り出した［b］。約2分かけて11袋出すと、引き出しの中に空になった部分、「穴」があらわれた。Kは、タンスの上部の縁に左手、引き出しの角に右手を置いて、右足を引き出しの「穴」に入れようとした。母親が笑いながら「K、中に入らないでよ」と言うと、やめた。

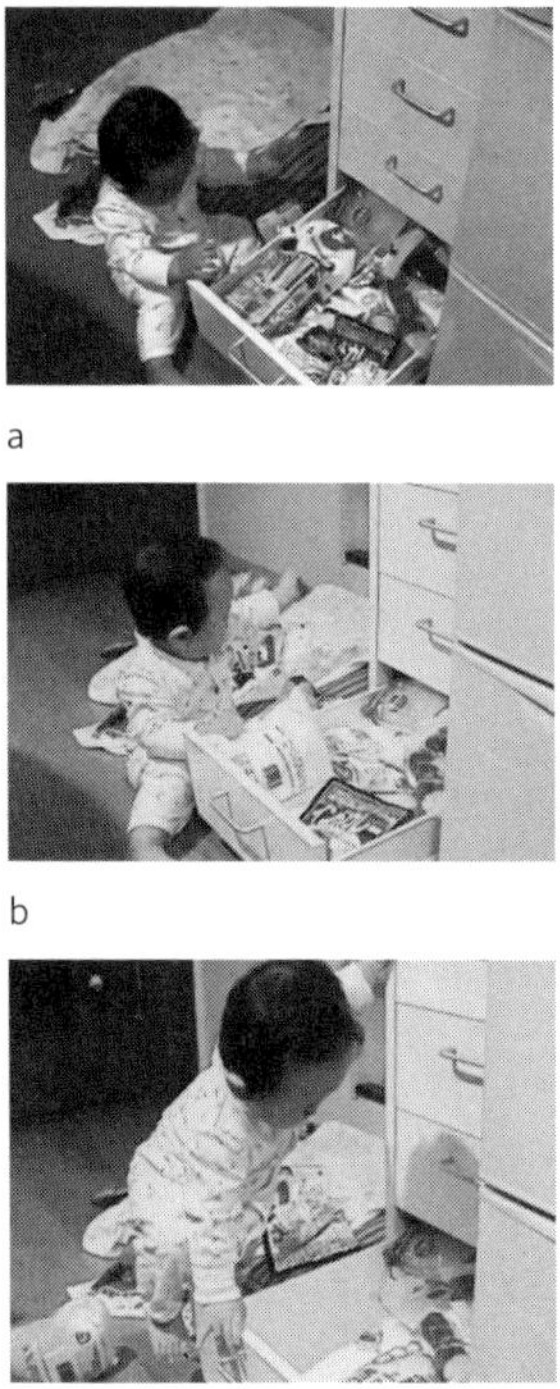

a

b

c

図12　引き出しの穴に入りかける

■21カ月11日目

ベッドの上にパジャマがあった。パジャマ腹部を広げて、片脚に右足を入れようとする。入ったが、裾まで通過させることに2回失敗。「アアー」と大声を出した。母親が手をかそうとすると、からだをそらして拒む。3回目に左足が入って【図13 a】、足先がパジャマの裾から出た【b】。続けると、同じ穴に右足も入った。片脚の「穴」に両足を入れたので窮屈になり、両足の動きがブロックされて後ろに転んだ。パジャマの片脚に押し込んだ両足を、振り上げ、振り降ろしながら、大声で笑った【c】。

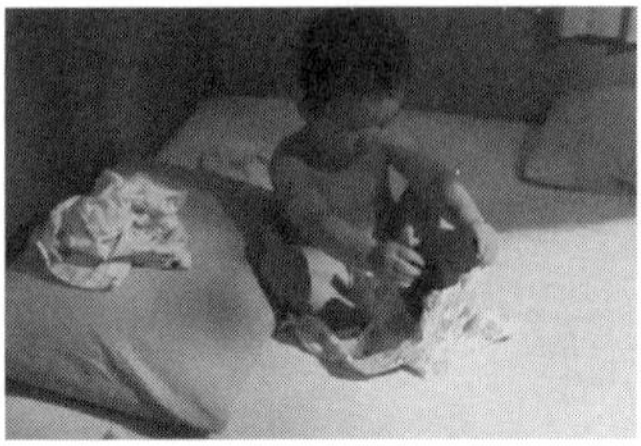

a

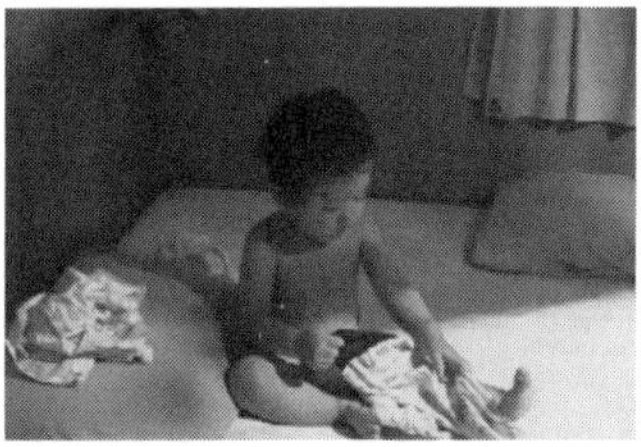

b

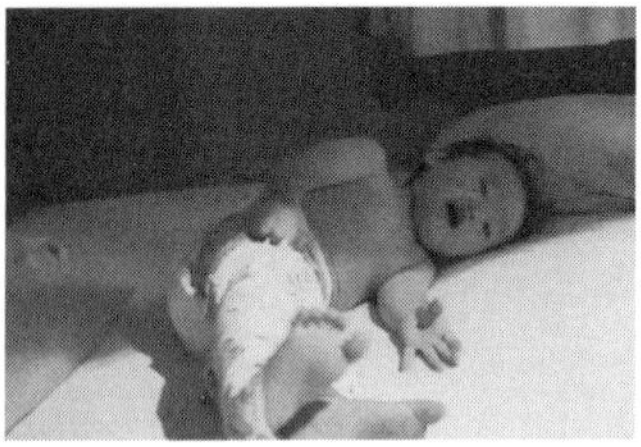

c

図13　パジャマの穴に足を入れる

⑸遊離物：地面から離れるモノ

遊離物（ディタッチド・オブジェクト）は、地面や床から切り離せるモノです。遊離物は、媒質に完全に囲まれており、面全体は外に向いています。動物は遊離物です。

落とす、落ちる

■8カ月4日目［図14a］と10カ月2日目［図14b］

ジュースの入った哺乳瓶の把手を、左手で掴みテーブルの上で振る。すぐにイスの横へ落とす。落ちるところは見ない。

2カ月後、イスに座り、右手でお茶の入った哺乳瓶を持ち、イスに付いている机の外に出してイスにぶつけて遊ぶ。母親が「落としたいの？」と言う。しばらくして、哺乳瓶を見ながら、ゆっくりと手を開いて落とした。

a

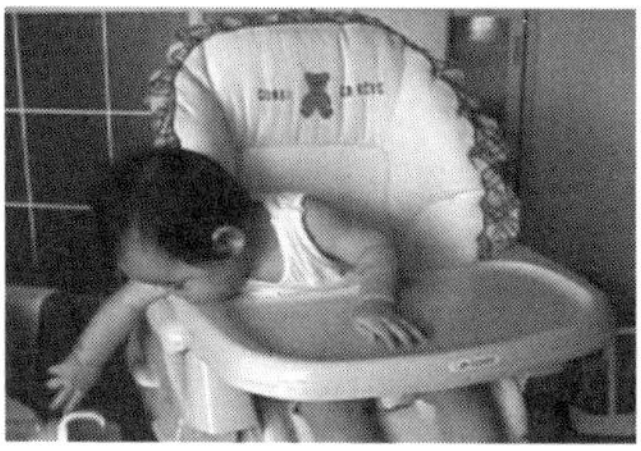

b

図14　哺乳瓶を落とす

■10カ月21日目［図15］

ベッドの端で、両手を下に降ろして、そのまま落ちる。下には厚い座布団が置かれていた。これは自分ではじめた遊びで、母親は笑いながら「大丈夫ですかあ……」と言う。

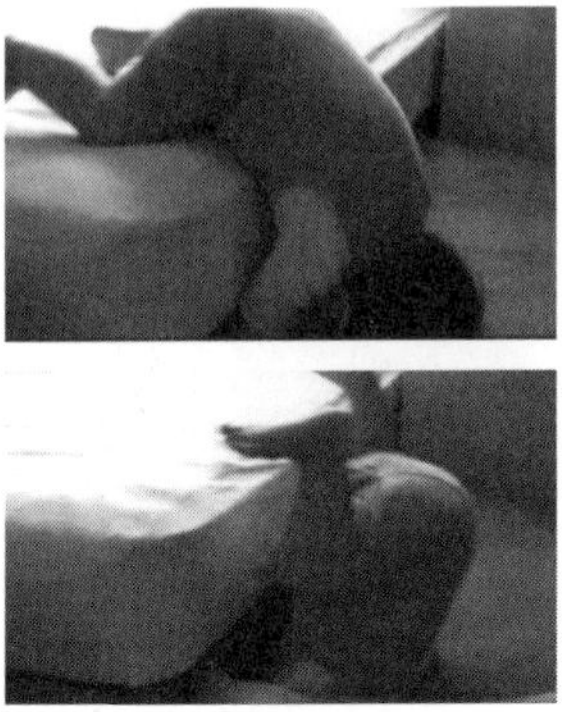

図15　ベッドから落ちる

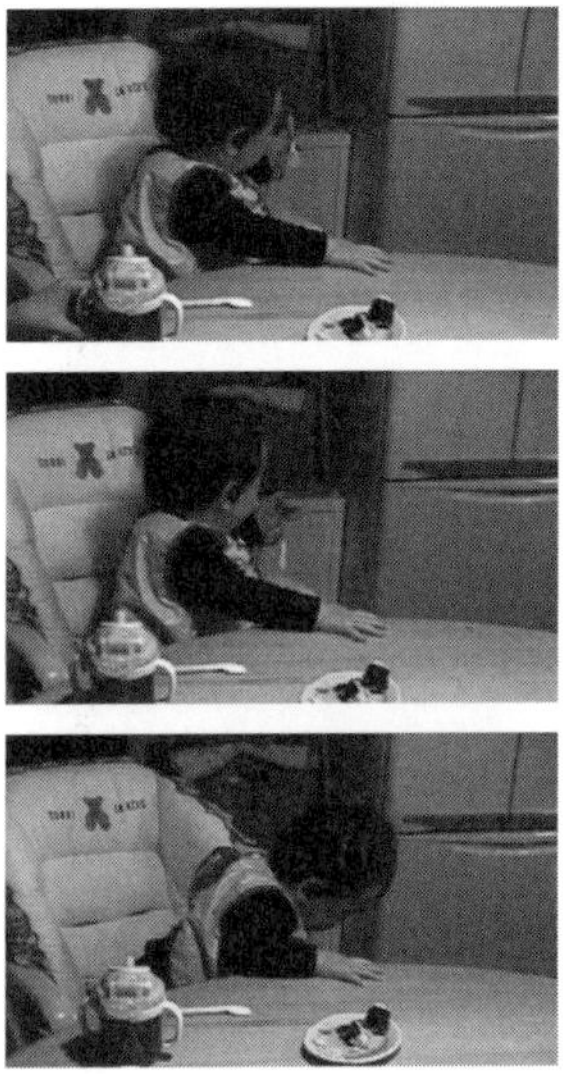

図16　手で持つスプーンを落とす

■13カ月22日目［図16］

アイスを食べていた左手のスプーンを、イスの外側へ持っていく。手を見ながら開いて、スプーンを落とす。「ああ食べられないな、落としちゃったから」と母親が言う。

モノの位置を変える

■10カ月24日目

両手でおもちゃを持つ。床に散らばるたくさんのおもちゃを見ながら、足が触れないように注意して床の上を移動する（歩きはじめから2週目）［図17］。

図17　おもちゃを持って、床に散らばるおもちゃの中を移動する

図18　散らばるおもちゃに囲まれて移動する

■11カ月16日目

おもちゃを左手に持って移動する。途中でしゃがんで、床の上の「起き上がりこぼし」を揺らす。すぐに立ち上がり、おもちゃのあいだを越えて机まで行く［図18］。

ヒトは遊離物です。あかちゃんは誕生後7カ月頃にはハイハイで移動します。それに続いて、立って歩く移動をはじめると、歩行の6割が手にモノを持っていたという報告があります。ヒトは家の中の移動で、家に置かれている遊離物の場所を変えているようです。

家には、位置の変わらない付着物と、位置を変えられる遊離物と、自ら位置を変える遊離物、つまり自分を含む動物がいます。

これら家中にある多数のモノのすべてを、一度に見ることはできません。毎日、ドアや壁や家具の遮蔽を越えて、ここのモノと、遮蔽の向こうのモノの位置を見ます。そして時々は一部のモノのレイアウトを変えます。そうやって大部分のモノのレイアウトを意識して暮らしていると、やがて、「家の全体」に注意が向きはじめます。家の意識は、床と付着物と遊離物のレイアウトにあります。[5][6][7]

パタン・ランゲージ

家のエントランス、キッチン、浴室、リビング、寝室、ベランダなどは、特徴ある面のレイアウトです。場所ごとのユニークな面のレイアウトが、そこでの振るまいを与えます。街にも多様な場所があります。ある場所と、その隣の場所には明確な区切りはあ

a：座れる階段

b：窓のある場所

c：すき間だらけの舗石

d：まちまちの椅子

図19　街に必要な場所

りません。

都市計画のクリストファー・アレグザンダーは、住みやすい場所を世界中から選びました。それらの場所に発見した、レイアウトを元にする街の設計を「パタン・ランゲージ」とよびました[8]。

4つのパタンを紹介します。図19aは、まわりを見渡せる、やや高い階段です。少人数で座って、即興の活動がはじまります。bは出窓のある壁の両側に、小さなベンチが向かい合う窪みです。静かな会話がはじまるところです。cは繁った植物に囲まれて、ゆっくりと歩くことを誘う小道です。舗装された道とは違う、移動の楽しみがあります。dは、大きさも素材もまちまちなイスがいろいろな方向で置いてある部屋です。いろんな姿勢と方向で座る人たちが集うところです。

アレグザンダーはこのようなパタンを253選び、それらから街をデザインすることを提案しました。

面のレイアウトを変える

ホモサピエンス（現生人類）が、地球上に広く住みはじめたのは、約6万年前とされます。およそ1万年前の新石器時代には道具を使いました。それは、容器（ツボ、カップ）、棒（穴を掘る、槍）、叩き切るモノ（斧など）、先が尖ったモノ（針）、身に付けるモノ（着衣、装飾品）、縁のあるモノ（ナイフ）、ひも状のモノ（わな、網）、楽器（吹く、弾く、打つ）、スポンジ、櫛、ボート、顔料、ベッド、火の14種類でした。

ヒトは、これらを使い、面のレイアウトを変えてきました。鋭く研いだ縁で、木や食物を切る。火で食物を焼いて湯で煮て食べやすくする。塀で囲って、近くの森にいる獣や嵐から住まいを守る。小屋は水辺に建て、集落の中心には炉を置いて、火を絶やさない。火があるので、冬に暖を取り、暗い夜でも明かりの下で活動を続けることができました。(9)

ヒトが長く工夫を凝らしてきた面のレイアウトが建築です。

図20はスペイン・バルセロナにあるサグラダファミリアです。ガウディの設計で、1882年に建築がはじまった大聖堂です。**a**は東塔（「生誕のファサード」）の夜景です。昼になって、その壁を撮影しようとカメラをズームして見ると、壁をたくさんの小さな彫刻が埋めていました［**b**］。きわめて複雑な面のレイアウトでした。

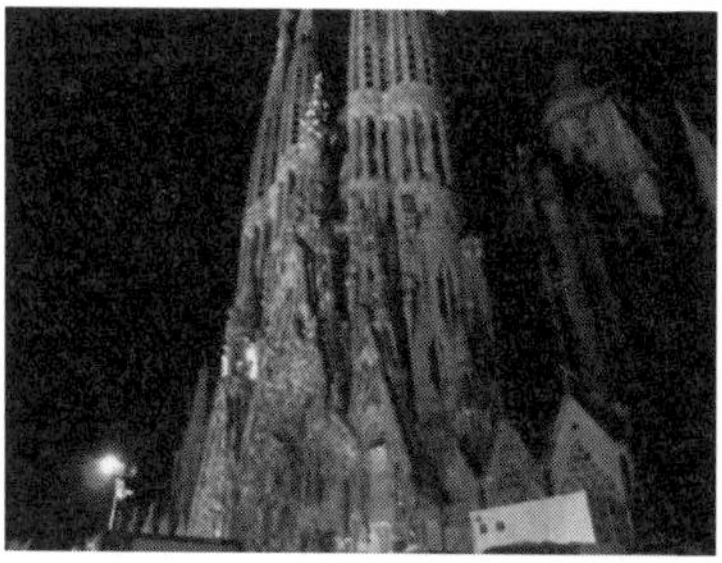

a

b

図20　サグラダファミリア（2013年）

レイアウトにレイアウトを重ねる

料理や化粧では、面のレイアウトにある性質を強めたり、隠したりします。絵画は、キャンバスに、そこには無い面のレイアウトをつくり出すことです。絵画には、描くキャン

バス面と、描かれた場面の両方があります。絵画の情報は二重です。面のレイアウトに、面のレイアウトが重ねられています。写真や彫刻も同様に、二重の面のレイアウトです。

図21は、約1万年前に、スペインのアルタミラ洞窟に描かれた壁画です。天井にはバイソン（野生の牛）、馬［a］、手［b］などが描かれています。土、動物のあぶら、樹液などを混ぜた塗料を使い、動物の毛や枝、指などで描きました。岩にあてた手に塗料を吹き付けただけの跡から、壁の肌理も用いた本格的な絵画［c］へと展開しました。

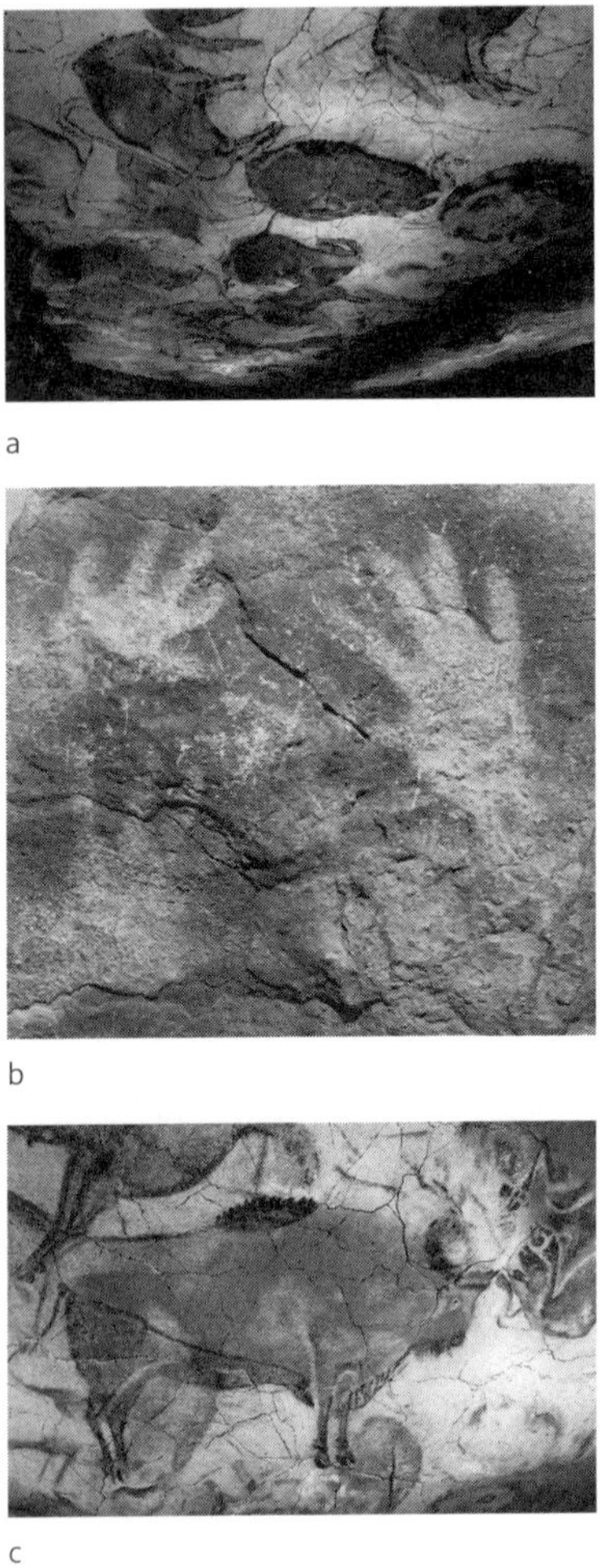

図 21　アルタミラの洞窟画

ヒトは古くから、まわりの面のレイアウトの一部に、そこには無い面のレイアウトを重ねることを生活の一部にしていました。ヒトは、面のレイアウトを二重にしている動物です。

あかちゃんは、2歳後半くらいには、描くことの準備をはじめます。ティッシュ箱の表面に、筆記具を強く押し付けてみる。ガラス面の机に置いたTシャツには、クレヨンの色が付かないことを確かめると、シャツとガラスの間に厚紙を入れるなど、描く面の性質を変えることで、跡を残そうとします。面のレイアウトを二重にする行為は、描くことのできる面を、まわりに探すことからはじまるようです(10)。

セザンヌ：レイアウトを二重にすることの困難

面のレイアウトを二重にすること、周囲の包囲光配列を、キャンバスに描くことについて、画家の残した手紙を紹介します。

ポール・セザンヌ（1839–1906）は、南仏で暮らした晩年にキャンバスを背負って、10キロ離れたサント＝ヴィクトワール山へ通いました。この山を描いた、油彩画37点、水彩画46点を残しました(11)【図22】。

図 22　セザンヌ／「サント＝ヴィクトワール山」

その頃、友人に宛てた手紙に、山のそばに通う理由を書いています。[12]

「屋内で、アトリエで描かれた絵はすべて屋外で制作されたものに決して匹敵できない。……これからは外光の下のものしかやらないと決心しなければならない」

〔屋外は〕「日光がきわめて強烈なため、事物が単に白と黒ではなく、さらに青や赤や褐色や紫のシルエットとなって浮き出すように思われます」

「進歩を実現するためには、自然しかありません。自然との接触によって、眼がしつけられます。眺め続け働き続けるおかげで、眼は集中力をもつにいたる」

屋外の光の下で発見した、自身の「絵画の幾何学」についても書いています。

「自然を円筒形と球形と円錐形によって扱い、すべてを遠近法のなかに入れなさい。つまり、物やプランの各面がひとつの中心点に向かって集中するようにしなさい。水平線に平行する線はひろがり、すなわち自然の一断面を与えます。……この水平線に対して垂直の線は深さを与えます。……われわれ人間にとって、自然は平面においてよりも深さにおいて存在します。そのため、赤と黄で示される光の震動のなかに、空気を感じさせるために必要なだけの青系統の色を導入する必要が生じます」

絵を描く基本は「自然との接触」であること、それをキャンバスにレイアウトすることがいかに困難か、最晩年に、息子宛ての手紙には次のように書きました。

「私は画家として自然を前にするとより明晰になる。だが、私にあってはつねに私の感覚の実現は大変な苦労を伴うのだ。私の五官のうちに展開するあの強烈さに達することができず、自然を彩るあの色彩の豊かさを獲得できない」

「風景は実に美しい。ヴァリエ〔多様なこと〕にはいつも会う。しかし実現がとても遅いのが悲しい」

*

レクチャー5では、ヒトの知覚系がまわりにある性質を、面のレイアウトに探るすがたを多くの事例に見てきました。

何度も、同じ山を描いた画家は、包囲光の変化にあらわれている、面のレイアウトの不変に注目したはずです。山全体の面のレイアウトは、山にある一つの面と、その隣の面のレイアウトとの縁の遮蔽に示されているからです。

セザンヌの手紙は、サント＝ヴィクトワール山に向かうことで、視覚が発見したことを、手元のキャンバスにレイアウトすること、いま見えている自然の不変が、キャンバスにも特定できるように、そこに筆の痕跡を残すことが、どれくらい困難なことかを、書いています。

自然を見ること、視覚で周囲を知ることも容易ではありませんが、視覚が特定したことを、キャンバス面に特定できるように描くことは、一層困難なはずです。画家の仕事が、「面を二重にすることの困難」でもあることを、セザンヌの手紙は示しています。(13)(14)

注

（1）Sedgwick, H. A. (1973) *The visible horizon: A potential source of visual information for the perception of size and distance (Doctoral dissertation)*. Cornell University.

（2）２００１年の秋に誕生した2名の男児の3歳までの日常生活を、自宅屋内と周辺で養育者（主として母親）にビデオ撮影していただいた。記録は1週間に約1時間の長さで、総計は2名で約１５０時間。この記録から９４０クリップの動画を抽出し、キーワード検索のできる「動くあかちゃん事典」を作成した。佐々木正人編著（2008）『アフォーダンスの視点から乳幼児の育ちを考察――特別付録ＤＶＤ-ＲＯＭ 動くあかちゃん事典』小学館。

（3）Adolph, K. E., Cole, W. G., Komati, M., Garciaguirre, J. S., Badaly, D., Lingeman, J. M., Chan, G. L. Y., & Sotsky, R. B. (2012) 'How do you learn to walk? Thousands of steps and dozens of falls per day'. *Psychological Science*, 23, 1387–1394.
（4）山﨑寛恵（2011）「乳児期におけるつかまり立ちの生態幾何学的記述——姿勢制御と面の配置の知覚に着目して」『質的心理学研究』第10号第1号、７～24頁。
（5）西尾千尋・青山慶・佐々木正人（2015）「乳児の歩行の発達における部屋の環境資源」『認知科学』第22巻第1号、１５１～１６６頁。
（6）Karasik, L. B., Tamis-LeMonda, C. S., & Adolph, K. E. (2011) 'Transition from crawling to walking and infants' actions with objects and people'. *Child Development*, 82, 1199–1209.
（7）Karasik, L. B., Adolph, K. E., Tamis-LeMonda, C. S., & Zuckerman, A. L. (2012) 'Carry on: Spontaneous object carrying in 13-month-old crawling and walking infants'. *Developmental Psychology*, 48, 389–397.
（8）C・アレグザンダー他（1984）『パタン・ランゲージ——町・建物・施工　環境設計の手引』平田翰那訳、鹿島出版会。
（9）エドワード・S・リード（2000）『アフォーダンスの心理学——生態心理学への道』佐々木正人監修、細田直哉訳、新曜社、第8章「ヒトの環境」、２３１～２５９頁。

（10）西尾千尋・青山慶（2023）「子どもの描画行為における二重性知覚の発達──なぐりがきにおける調整行為からの検討」『生態心理学研究』第15巻第1号、47〜66頁。
（11）工藤弘二（2022）『図説 セザンヌ「サント＝ヴィクトワール山」の世界』創元社。
（12）ジョン・リウォルド編（1967）『セザンヌの手紙』池上忠治訳、筑摩書房。
（13）画家の山口晃が、南仏に残されているセザンヌのアトリエを訪問して、「驚いたのは、窓が東西に開いていた事」だったそうです。ただし、「作品を見れば、この窓位置は大いに頷ける」、（部屋の内部にあるものが）「物凄くくっきり見える」、「光が空間を彫り込むようだ」としています。
　そして、セザンヌの方法は、次ページの図Aのりんごのように、「背景が前景化して物の輪郭を作ってゆく」ことにあるとしました（『すゞしろ日記』UP版、NO．143／『すゞしろ日記 参』羽鳥書店、2018年、135頁）。

　また、サント＝ヴィクトワール山の連作について、「若い頃と完成期の筆致がまるで違う」、「若い頃の山は稜線から描き、完成期にはどこから描いているか言えなくなる」としています（図B：「セザンヌ紀行」『すゞしろ日記 弐』羽鳥書店、2013年、24〜25頁）。いずれも、セザンヌの「遮蔽光学」の技法についての指摘です。

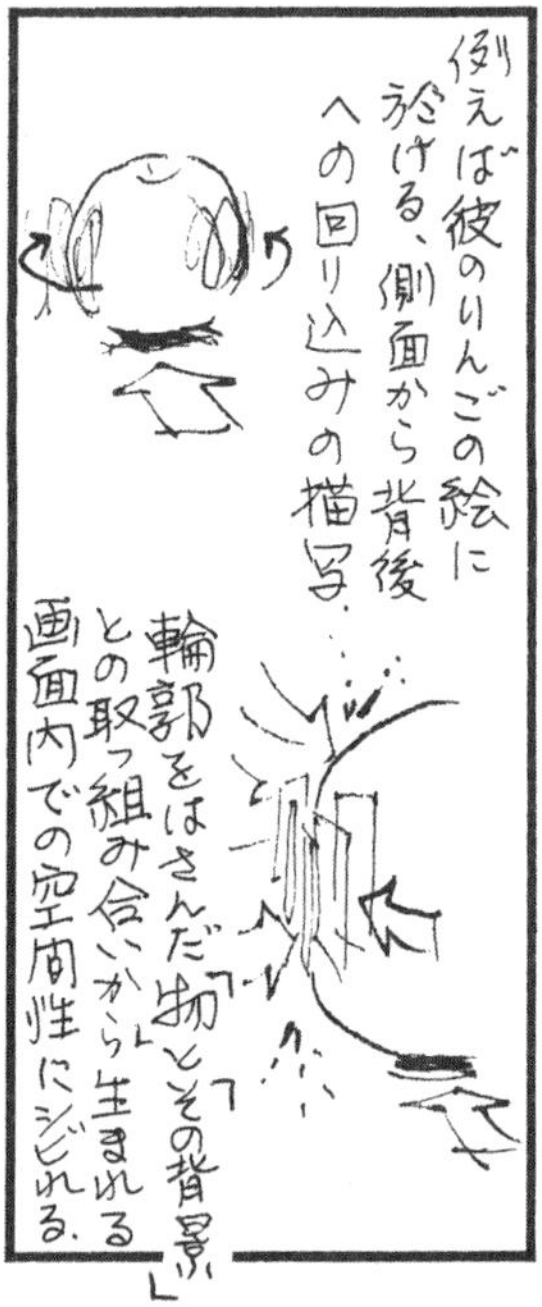
例えば彼のりんごの絵に
於ける、側面から背後
への回り込みの描写…
輪郭をはさんだ「物」とその背景」
との取っ組み合いから生まれる
画面内での空間性にシビれる。

図A

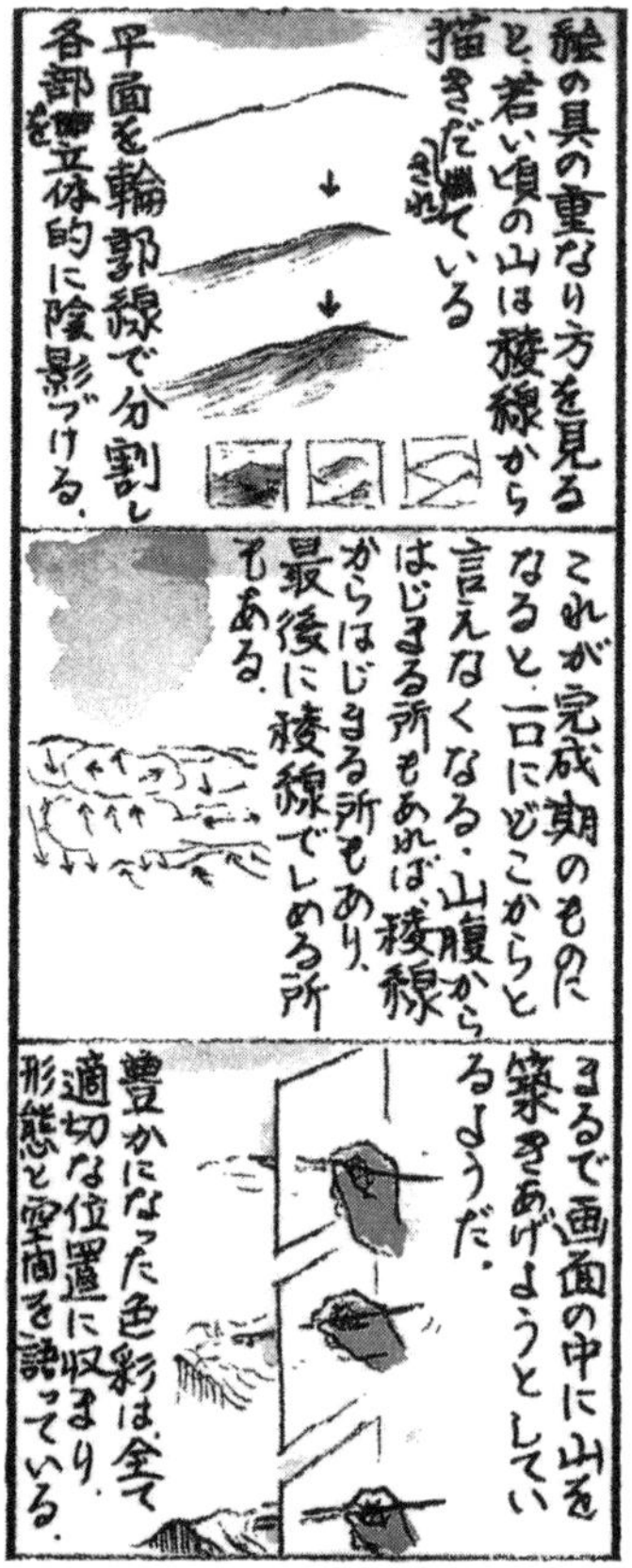
絵の具の重なり方を見る
と、若い頃の山は稜線から
描きだされている
平面を輪郭線で分割し
各部を立体的に陰影づける。
これが完成期のものに
なると一口にどこからと
言えなくなる。山腹から
はじまる所もあれば、稜線
からはじまる所もあり、
最後に稜線でしめる所
もある。
まるで画面の中に山を
築きあげようとしてい
るようだ。
豊かになった色彩は全て
適切な位置に収まり、
形態と空間を謳っている。

図B

（14）画家の野見山暁治（1920–2023）は、以下のように述べています。「セザンヌ〔の作品〕を見たときになんとなく、「ああ、そうか。これをピカソやブラックはやったんだな」と納得しました。セザンヌを通してピカソが、マティスがわかるようになった。……翌年フランスに行きました。……マルセイユのホテルに一泊して、翌朝汽車に乗ってパリに向かったんですが、何気なくひょいと外を見たらセザンヌの《エスタック風景》という海を描いた絵がありますが、『これはあの海じゃないか！』と思った。……おれもここに生まれていれば同じものを描けたと思った。絵に描かれているのとそのまま同じ風景で、寸分違わないいんだから。……透明な光のなかに向こうの岬もピシーっと見えている、日本の水蒸気の多い風景とはあり様が違うわけですね。……延々と二、三〇分も見てたような気がするけど、その間、風景は移り変わっているのにきちんとセザンヌの風景のままだった。……方向によって見え方が変わるとかじゃなく……この湾の真実をセザンヌが引っ張り出しているから、十分にそこから離れてもひとつの画面としてあった。……すばらしいのは、真実を捕まえているからなんですね」（「映るものと移ろうもの」『ユリイカ』２０１２年4月号（特集：セザンヌにはどう視えているか）、青土社、１１６頁）。

レクチャー6

エコロジカル

ダーウィンの発見

チャールズ・ダーウィン

チャールズ・ダーウィン(1809–1882)［図1］は、医師の家系に生まれて16歳でエジンバラ大学医学部に入学しました。麻酔の無い時代です。手術の見学が苦手で、自分に医師になる意欲のないことを確認して、2年で退学しました。19歳になって、父の勧めでケンブリッジ大学神学部に入学。博物学、植物学、地質学を熱心に学んで22歳で卒業。その年に、教授の推薦で、イギリス海軍測量船のビーグル号に、無給の博物学者として乗船しました。船は1831年12月27日に出航しました。

マスト3本、242トンのビーグル号［図2］は、アフリカを経由。南米大陸東岸を南下して［図3］、内陸での長期調査を何度も行いました。その後、マ

図1　チャールズ・ダーウィン

図2　ビーグル号

ゼラン海峡を越えて、ガラパゴス諸島へ。さらに、オーストラリア経由でインド洋を横断。喜望峰をまわり、1836年10月2日に帰港しました。約5年、6万4000キロの航海で地球を一周しました。

各地で動植物の標本を採集し、自宅宛に送りました。航海中に、チャールズ・ライエル（Charles Lyell：1797–1875）の『地質学原理』を読みました。そこには「過去を解く鍵は、現在にある」とする、「斉一説」が示されていました。ダーウィンは、科学の方法を、独学で身に付けたと言われますが、基礎はビーグル号での経験でした。

帰国後、陶器のウェッジウッド家の娘で、いとこのエマと結婚。経済的に恵まれ、自宅で研究に没頭しました。世界中の情報提供者との手紙での頻繁な交流が知られています。

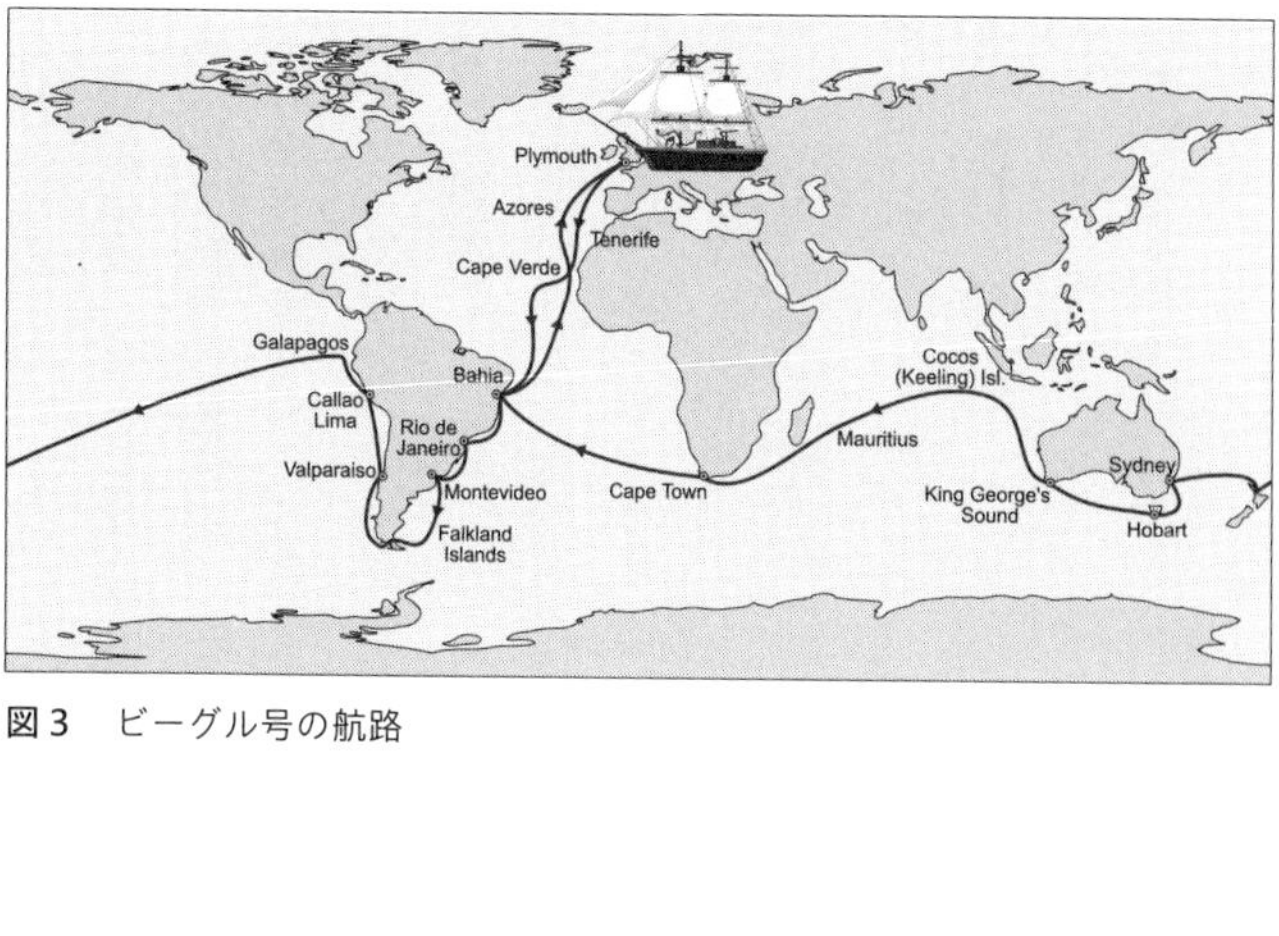

図3　ビーグル号の航路

生涯で17冊の本を出版しました。『ビーグル号航海記』『種の起源』のほかに、サンゴ礁、火山島、エボシガイ、フジツボ、ランの受精、家畜と栽培植物、ヒトの由来、食虫植物、つるまき植物、花の異形、祖父エラズマス・ダーウィン、植物の運動力、ミミズと土などがテーマです。レクチャー6と7では、いくつかの本の内容を紹介します。

ガラパゴス：障壁が新しい種をつくる――『ビーグル号航海記』(1839)

出航4年後の1935年9月に、ガラパゴス諸島に着きました。現在、世界遺産の諸島は、南米エクアドルから約900キロの海にある234の島と岩礁です【図4下】。『ビーグル号航海記』17章には、諸島全体の印象を、「赤道のま下に位置し、……どの島も火山性の岩でできている」、「大きい島々の頂上にある火口の中には、途方もないサイズのものもある。……大きなものは、三〇〇〇から四〇〇〇フィート（約1000メートル）の高さ」で、「山腹には、小ぶりな火口が無数に突きでている」、「雨はごく少なく、そのうえに降り方が不規則」で、「雲だけはいつも低く垂れこめている」、「一〇〇〇フィート以上の高地は湿潤な気候」で、「豊かな植物が茂っている」とあります。[1]

上陸してみると、島によって異なる自然に出会いました。[2]

ジェームズ島：「低地帯は、葉をつけていない灌木に覆われて、樹木はどこよりも大きく、茂みのはざまには、クイナの一種が多数すみ、繁殖していた。島の高地にいるあいだ、カメ肉だけで暮らした」

アルベマール島：「海岸の岩場は、三から四フィートもある大きな黒いトカゲに占領され、丘のほうには、醜い黄褐色のトカゲが、いたるところにいた」

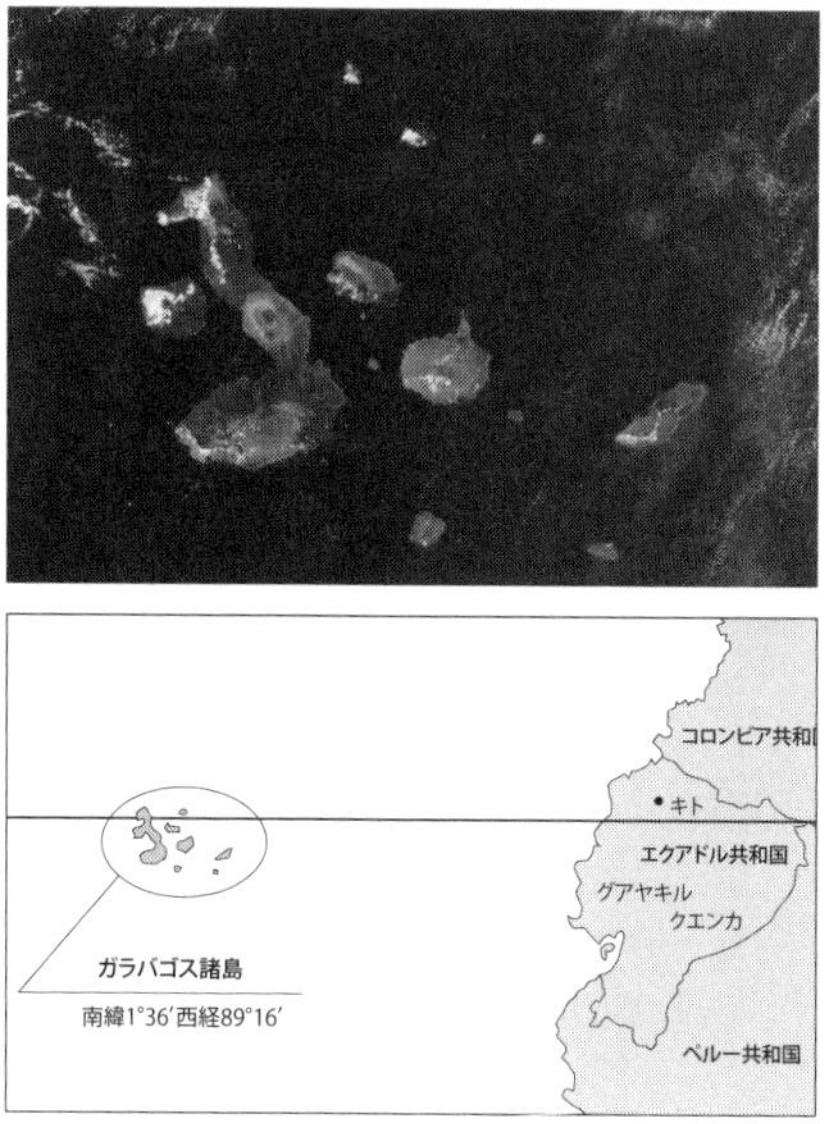

図4　ガラパゴス諸島と位置

チャタム島：「地表のすべては地下の蒸気が吹きぬけ、穴だらけ」、「でこぼこの地表と絡まった茂みを通過することは、とても骨が折れた」、「陸ガメの数は途方もなく多い。持ち上げるのに大人六人から八人が要る巨大なのがいる。主食としてサボテン、地衣類を食べる。膀胱に水を溜めて生きる。喉が渇くと低地から湧き水の出る高地までを多数の陸ガメが移動」、「ウミイグアナは海岸に住んで深い海底にはえている海藻を食べている」
チャールズ島：「住民は二〇〇から三〇〇人で、エクアドル共和国から追放された政治犯。サツマイモとバナナを栽培、森には野生のブタとヤギがたくさんいる」

神秘の中の神秘：新しい生物があらわれる現場

この4つの島で植物を採集しました【表1】。71種を採集したジェームズ島では、ガラパゴスの固有種が38、その内30種はジェームズ島だけに見られる種でした。アルベマール島では、同じく26の内22種、チャタム島では16の内12種、最後のチャールズ島では29の内21種が、その島だけの固有種とわかりました。

4島をまとめると、種の総数は217、その内ガラパゴス固有種が109。その内の85種と約8割が、1つの島だけに

島	種の総数	ガラパゴス以外の地でも見られる種数	ガラパゴス固有のもの	ガラパゴス諸島内の一島に限られるもの	2島以上に共通して見られるもの
ジェームズ島	71	33	38	30	8
アルベマール島	46	18	26	22	4
チャタム島	32	16	16	12	4
チャールズ島	68	39	29	21	8

表1　島ごとの採集植物数③

見られる植物でした。各島はそこだけの新種を、たくさん生み出していることがわかりました。

ガラパゴスの動物

ガラパゴスには、固有の爬虫類がたくさんいました［図5］。ダーウィンは、爬虫類が「これだけ異様なかたちで草食哺乳類のお株を奪っている場所は、世界のどこにもない」と書いています。

ガラパゴスゾウガメ

リクイグアナ

ウミイグアナ

図5　ガラパゴスの動物

野生のブタとヤギ、陸ガメ、黒いトカゲ、黄褐色のトカゲ、クイナ、ネズミ、フィンチ、タカ、フクロウ、ミソサザイ、タイランチョウ、ハト、ツバメ、マネシツグミ、カモメ、ソリハシシギ、ヘビ、ウミガメ、魚類、貝類、昆虫類などについても調査しました。『航海記』には、「島の自然誌は、なんともおもしろく」、「ほとんどの生物がここ〔島〕に固有の種で」、「群島は、それ自体が一つの小世界だ」。「群島の規模が小さい点を考えると、固有生物の数の多さと生育域の狭さとに、よりいっそう驚かされる」。「時間と空間の両次元で、あの大いなる事実――神秘の中の神秘――つまり新しい生物がこの地上に出現する現場へと、われわれはいくらか接近した、ということになるのかもしれない(4)」として、さらに、帰港翌年のノートには、「ガラパゴス群島の諸種に非常に衝撃を受けた」、「これらの事実は、私のあらゆる思考の起源である(5)」と書いています。

各島で見たガラパゴスフィンチ【図6】について、「なによりもおもしろい事実は、ガラパゴスフィンチ属の各種のくちばしが、完全に順を追って大きさを変化させていることだ」、「これだけ小さくて、深い類縁関係をもつ鳥たちのあいだで、その体構造が順を追い変化し多様化を示していく事実を前にすると、次のような空想を本気でめぐらしたくなる」、「つまり、この群島に元来いたごく少ない固有種群から、ある一種が選びだされ、別々の目的にそって変形せられたのでは、と」[6]しています。

　ガラパゴス諸島は、各島の動植物を隔てている「障壁（バリアー）」でした。島々の間の距離、移動を阻む島の間の海の速い流れ、島ごとに特徴の異なる環境などが、動植物の拡散を妨げる「多重の壁」になっていました。この「壁」が、各島に固有の種を、そして群島の生物に多様性をもたらしました。

　生物の類似と異なりは、移動を妨げている障壁の規模に影響されます。例えば、山脈、砂漠、大河は、大陸の間にある海よりも小さい障壁です。障壁の大小が、生物の分布域の広さを決めます。

『種の起源』14章の「要約と結論」に、ダーウィンは「生物の移住と地理」について、

オオガラパゴスフィンチ

ガラパゴスフィンチ

コダーウィンフィンチ

ムンクイフィンチ

図6　フィンチ：島によって異なるくちばし

次のように書いています。

「同種のすべての個体……は、それほど遠くない昔に一種類の祖先に由来し、どこか一カ所の生誕地から移住したと確信できるようになるとしよう。また、さまざまな移住手段について理解が進んだとしよう。……世界中の生物が過去に行なった移住をみごとに追跡できるようになるのは間違いない。現時点においてさえ、一つの大陸の両側の海にすむ生物の違いや、その大陸にすむさまざまな生物の性質を、それが利用できそうな移住の手段に照らして比較することで、太古の地理に関していくらかの光明がもたらされる(7)」

きわめて広大で長い変化が重なる――『サンゴ礁の構造と分布』(1842)

出港から、まだ20日目、アフリカ大陸と南アメリカ大陸の中間にいる頃の航海記には、「大気は霞みがちである。さわってもわからない微細な塵が降っている」、「塵の降る量は尋常でなく、甲板にあるものを何もかも泥だらけにしたり、乗務員の眼に障害をおこさせる」、「アフリカ沿岸から数百マイル、ときには一〇〇〇マイル〔約1600キロ〕以上」、

「南と北の方向では一六〇〇マイル〔約2500キロ〕離れているのに、船上には塵が降る」(8)とあります。

塵を袋に詰めて、ドイツの研究者に送って分析してもらうと、「ほとんどが原生動物の殻、そして植物の組織片」でした。ダーウィンは、地球を囲む上空の大気の層に、生物のカケラが充満していることをはじめて知りました。この経験は「地球全体」がどういうものかを知るきっかけになったはずです。

サンゴ礁の謎

大規模なことは海にも起こっていました。

航海が1年を経過した1936年、海水温が25度から30度の赤道付近。西向き暖流のある、太平洋、インド洋、大西洋の西側海域を通りました。あたりには、サンゴ礁が集中していました【図7】。

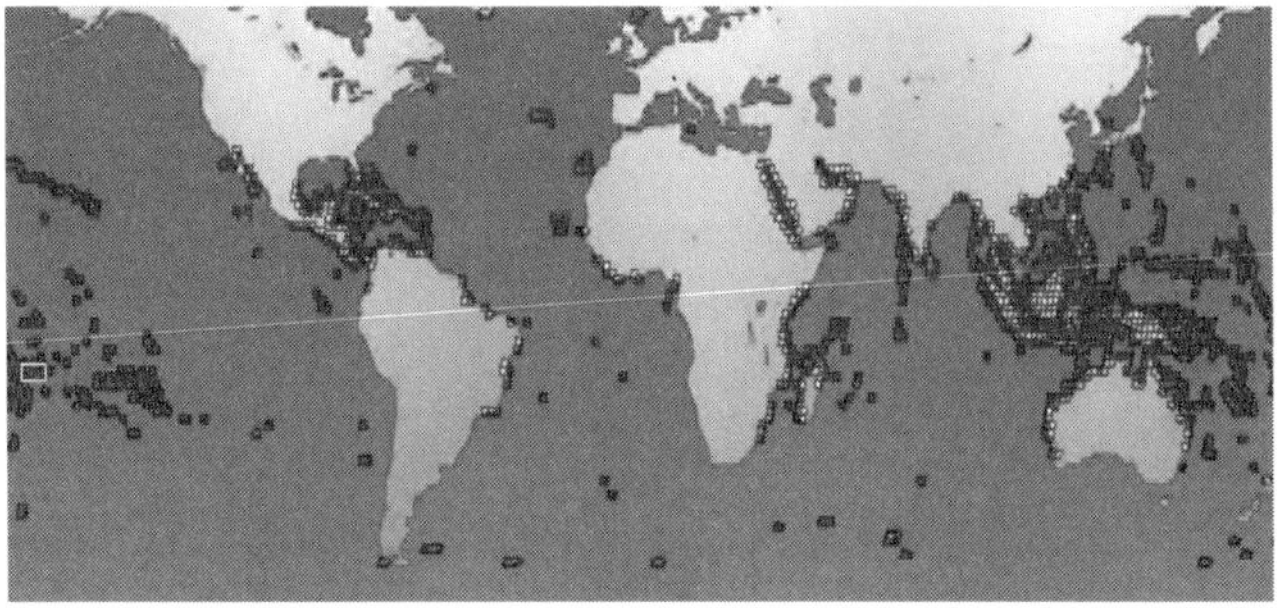

図7　世界のサンゴ礁分布（サンゴ礁はドット）

サンゴはイソギンチャクの仲間です。産卵期には、多数の卵と精虫を体の外へ放ちます。受精した幼生のプラヌラは、うぶ毛で覆われ、海中でしばらく浮遊し、やがて海底へ降りて岩盤に付着して、ポリプ（サンゴ虫）に成長します。

ポリプは群体をつくり、炭酸カルシウムの骨格で岩につながり、そこに骨を積み上げて山ができます。サンゴ礁は、この骨の山と、その頂上で生きる造礁サンゴからなります。

造礁サンゴの体内には、数万の褐虫藻が棲んでいます。藻は光合成により、酸素をサンゴに供給し、サンゴは藻に二酸化炭素を与えます。この藻と造礁サンゴとの共生は、太陽のあたる浅い海、藻が活発に光合成できるところだけで可能です。

サンゴ礁には3つの種類があります【図8】。第一が、陸の裾《すそ》を囲む裾礁（フリンジング・リーフ）。第二は堡礁（バリア・リーフ）。「堡」は、数百メートルから数十キロメートルの「砦」です。堡と陸との間には礁湖（ラグーン）ができます。オーストラリア北東岸のグレートバリアリーフは総延長2000キロ、幅15キロの堡礁です。第三は「環礁（アトール）」。ドーナツ状で、中央にある海を囲んでいます。

サンゴ礁のかたちはなぜ3種類なのか。これは古くからの謎でした。ダーウィンは、オーストラリア大陸北東の地図にある多数のサンゴ礁を、3種のサンゴ礁に色分けして考えました。そして、環礁は島の集まりに似ていること。環礁と堡礁が近くにあること。裾礁は、この2種とは違うところにあることを確認しました。

裾礁（サイパン）

堡礁（グレートバリアリーフ）

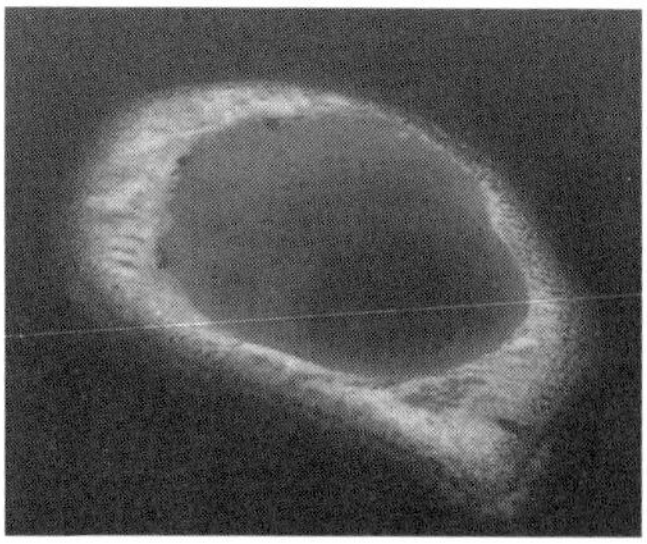

環礁（モルディブ）

図8　3種のサンゴ礁

沈降説

1836年4月、インド洋のキーリング諸島に着いた頃、謎を解くヒントが浮かびます。航海記には、それを思いついた経過が書かれています（この節内の以下の「　」内は、すべて『新訳 ビーグル号航海記 下』から、部分を省略しての引用です）。

「四月一二日――朝、礁湖の外へ出た艦長は、海岸から二二〇〇ヤード〔約2キロ〕の沖に側索〔海の深さを計るために先端に測鉛をつけた綱〕を投じた。七二〇〇フィート〔約2195メートル〕の索が海底に達しなかった。島は海底からの高山で、険しい角度の壮大な〔サンゴの骨が〕堆積する山全体に、生物の営みによってつくられた証拠を、とどめている(9)」

「サンゴ礁がどのように生まれるか、自分の見解を披露したい。通説は、丸い形が水面下の火口にもとづいていているとしていた。よりましな仮説は、外洋が打ちよせる方向にサンゴが生育し、これがリングあるいはカップ状の環《わ》になる理由と考えた。〔これらは〕いちばん肝心な問題が考慮されていない。深海では生きられないサンゴが、何を土台に構造を築きあげるか、ということである(10)」

「艦長が深度を計測した。一〇尋《ひろ》〔18メートル〕以内では、側鉛の底につけた獣脂に、生きたサンゴの痕《あと》が捺《お》されて、あがってきた。深度が増すにしたがって、砂つぶが多くつきはじめた(11)」

つまり海面下十数メートルまでのサンゴ礁は生きていて、それ以下はサンゴの骨（砂）が堆積した山だった。

「可能性はただ一つ。サンゴの基礎層が沈下していった、と考えなくてはいけない。この発想が、難問を解決してくれる。山々、島々が、一つずつ、ゆっくりと海面下に沈むにつれて、サンゴたちはリーフをつくり成長するための新しい根を、次々に提供してもらえる(12)」

「広大な海域は、少しずつ沈下しつづけ、〔他方で〕成長するのに土台を必要とする動物〔サンゴ〕が島々を築きあげている」、「海岸と、リーフの内がわのへりとのへだたりはひろがり、バリアリーフ〔保礁〕が浜から遠く離れたところにできる(13)」「アトール〔環礁〕は沈んだ島の上につくられる」、「サンゴ礁の特質は、すべて、陸地が沈んで、サンゴが上方へと育っていくという理論によって説明できると断言したい(14)」

図9はダーウィンの示した「沈降説」です。このアイデアは、地面の動きに基づいて

います。

島はゆっくり沈んでいる。それに追いつこうと、サンゴが島の周囲にリーフをつくると、陸の縁で裾礁になる。島がさらに沈んで裾礁が海にとり残されると、島を取り巻く壁のような堡礁になる。さらに沈んで、島全体が海面下に入ると環礁になる。

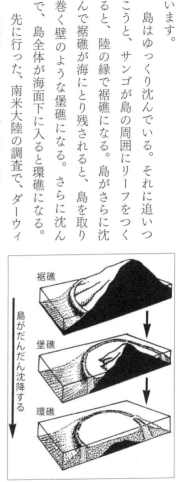

先に行った、南米大陸の調査で、ダーウィンは海面よりもはるかに高い地層に貝の化石を見つけていました。上の地層ほど、現在見られる種に近い化石が増えました。これは南米大陸が、隆起を続けていることを示していました。どこかが隆起するならば、沈むところもあるだろうと、推理したわけです。

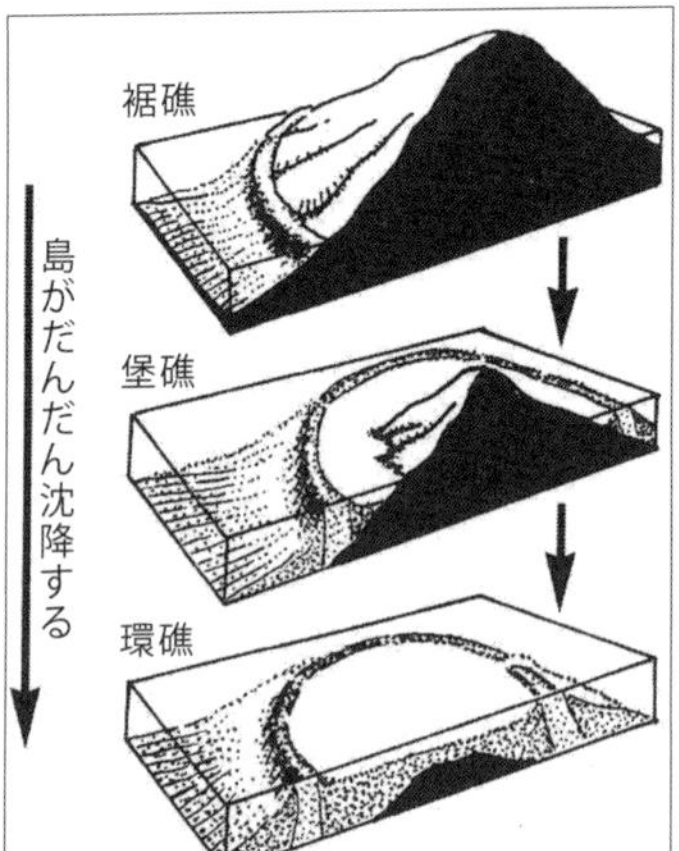

図9　沈降説

古代ギリシャ以来、人々は、大噴火やノアの洪水のような、地形を大きく変える出来事で、地球の歴史を語ってきました。

この伝統に対して、『地質学原理』を書いたライエルの斉一説は、①自然の基本法則は、重力のように昔から一定である。②過去を説明するためには、現在を観察するしかない。現在のデータが、唯一で、正当な基礎である。そして、③昔もいまも、変化の程度は同じである。——としていました。

このシンプルな原理を、フィールドワーカーとしてのダーウィンは、ツールとして用いました。観察した出来事のシークエンスを関係づけることだけで、サンゴの謎を解く糸口を発見したのです。サンゴ礁の謎については、現在も議論はありますが、ダーウィンの沈降説が正しいという点では、誰もが一致しています。

地球という、きわめて広いところでは、地面の沈降とサンゴの造礁が長く続いている。2つのゆっくりとした変化が地球上に3種類の壮大なサンゴ礁を残したわけです。

ダーウィンは、地球だけで起こっている、このきわめて広大で、長い変化どうしが重なることの意味を発見したわけです。

変化がまとまり、同じになる：フジツボ——『蔓脚類の研究』(1851/54)

海辺にはフジツボがいます【図10】。フジツボは直径数ミリから3センチ、植物の蔓《つる》に似た脚を持つので、「蔓脚類《つるあし》」とよばれます。エビやカニのように、泳ぎ回る「ノープ

図10　フジツボ

リウス幼生期」のある甲殻類で、柄のある有柄目とない無柄目に分かれます。

フジツボは、石灰質の殻が数枚並んでいる周殻でからだを囲み、そこに上蓋を付けています。水中でも接着する「フジツボセメント」で、岩に固着し、脚のふさふさした毛でプランクトンを捉えて食べます。深海の熱水噴出孔の付近では、いまもフジツボが発見されます。古くから生息する動物です。

ダーウィンは、ビーグル号が立ち寄った諸島で、フジツボを採集。帰国後、世界中から送られた標本と化石は約1万個になりました。1846年からの8年間、その分類を検討し、成果を4冊の報告書にまとめました。

(1)フジツボのライフ

フジツボの受精卵が孵化し、ノープリウス幼生になると殻の外に出ます。約1カ月のあいだは植物プランクトンを食べ、泳ぎ続けた後に、変態してキプリス幼生になります。多くは、他のフジツボのいる辺りに、セメント腺から接着物質を出して付着。そこで脱皮し、分泌する石灰質で周殻と蓋をつくり固着生活をはじめます。フジツボのつくる接着物質が、アイビー（木蔦）のそれと同じであることはダーウィンの発見です。

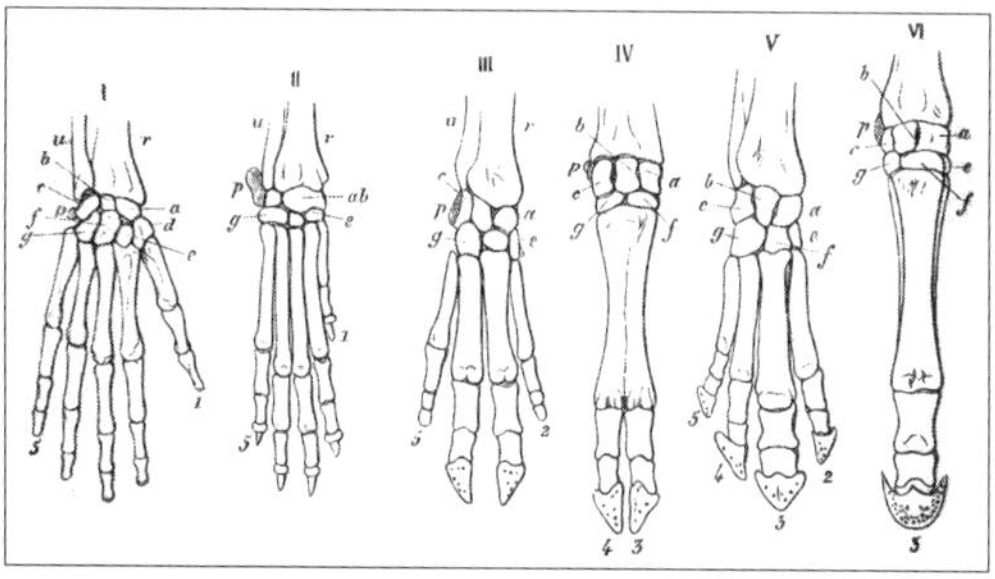

図11　相同器官：左からヒト、イヌ、ブタ、ウシ、バク、ウマの右前脚（手）

(2)殻の形成：「原型」ではなく、変形のまとまり

ダーウィンは、複数の殻片が結合している、フジツボの周殻のかたちを分類しました。

当時、生物の形態は、「一つのプランの下につくられる」という主張が流行していました。詩人ゲーテの「形態学」は、その一つです。形態学は、個体発生は系統が由来する「原型」に従うとしました。図11にあるように、由来が同じ動物の身体部位は、相同器官とよばれました。

ダーウィンは殻を分類しました。図12は殻をつくる殻板の配列図です。フジツボの殻は数枚の殻板からできています。殻板の両側には糊代があり、隣りの殻板の糊代と付着します。

図の右上Fig.6のフジツボの殻では、殻板cとbが一体になっています。他の4つの殻では、殻板cは単独のまま全体に組み込まれています。Fig.7と8の殻では、下部の殻板はbabと3つの殻板が一体になったものですが、Fig.4と5では、殻板aとbは分かれています。

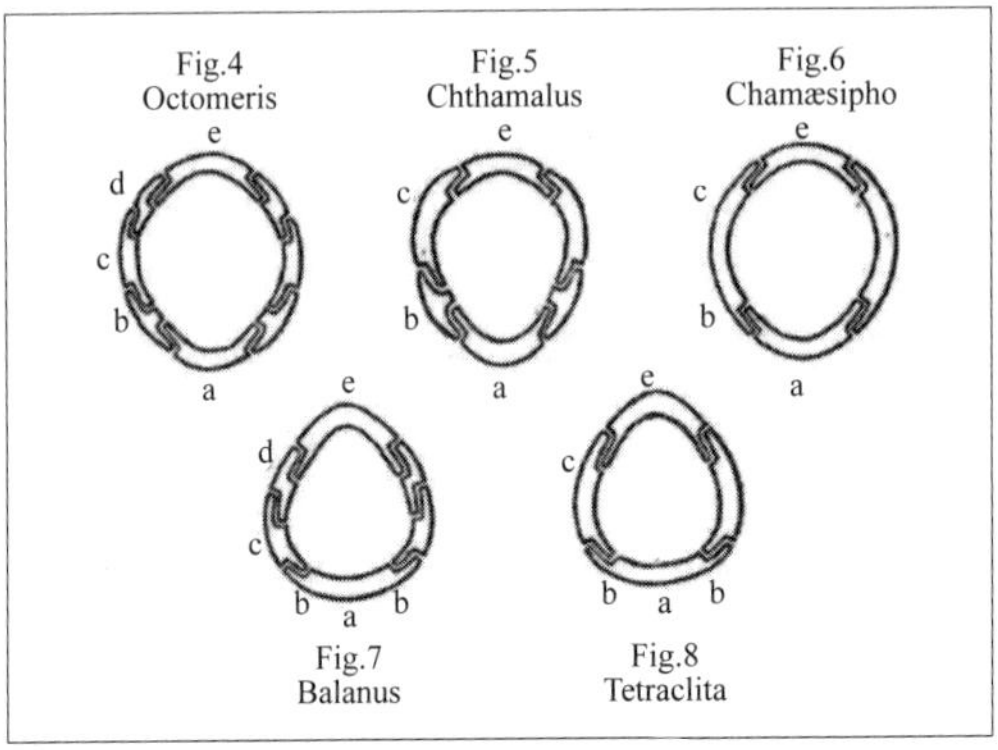

図12　殻を構成した要素片の配列（図番号の下はフジツボ亜目名）

殻を分類すると、周殻全体を構成する殻板の結合パターンは多様でした。aからeの各殻板は殻を構成する際に、さまざまに結合していました。ダーウィンはフジツボの殻片が変形し、そして接着することで、多様な全体のまとまりをつくる要素になることを確認しました。フジツボの殻は「原型」に従うかたちではなく、「変化したことのまとまり」でした。

生物のかたちをつくりだすシステムは、現在のかたちが、別のかたちへと漸次的に推移する、「修正」のシステムでした。(15)

(3) 矮雄《わいゆう》：小さなオス

フジツボは雌雄同体ですが、自家受精は避けます。例えば、多数が密集する海岸付近の雌雄同体のフジツボには、離れたフジツボと交尾のできる、長い鞭状の雄生殖器を持つ個体がいます。深海の小集団には多様な性システムがあり、雌雄同体に他の雄が共存するケースや、雌雄異体も見られます。

ダーウィンは、フィリピンからの標本の中に、雌雄異体のメスに、微小なオスが寄生している個体を発見しました。そのことを『種の起源』にも、「一部の属では、発達した幼生は……雌雄同体になるか、私が補足的な雄と名付けたものになる。……その雄は寿命も短いただの袋で、生殖器官を除けば、口や消化器などの重要な器官をいっさい欠いている」と書いています。[16]

雌雄同体の個体に付着する雄は「補（助）雄」とよばれていましたが、ダーウィンが記載したきわめて小さい雄は、その後の研究でも独自性が確認されて「矮雄《わいゆう》」と名付けられました。[17] 水中の岩に固着して生きるフジツボは、雌雄のシステムを、雌雄同体に加えて、雌雄同体＋補雄、さらに雌雄異体＋矮雄の3つのパターンへと広げていました。

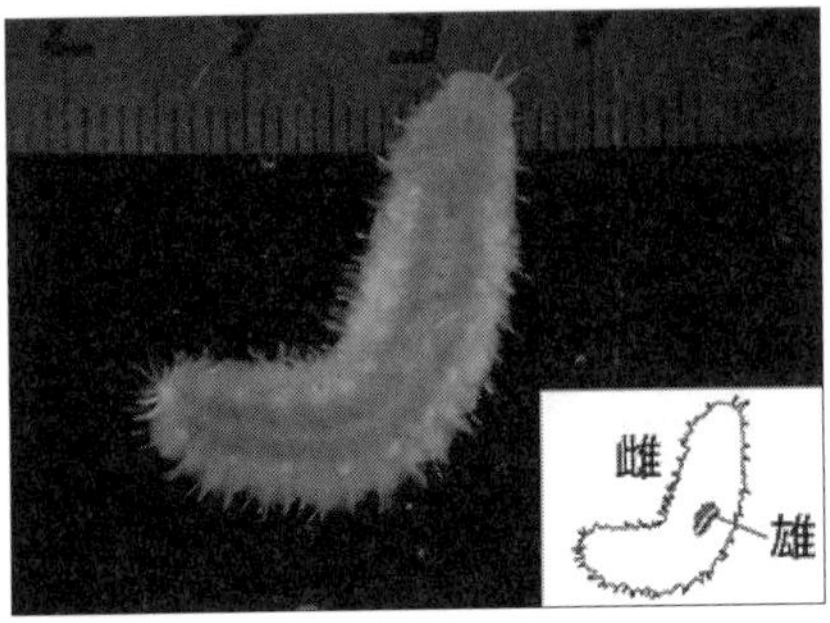

図13　イッスンボウシウロコムシ（写真提供：鳥羽水族館）

ダーウィンは、「あらゆる動物は、はじめは雌雄同体であり、一方の性に偶然生じた特徴から両性になっていく。どちらかの性の表現型を生むメカニズムは、あらゆる個体に潜在している。つまり、どちらの性も、雌性と雄性の形成物質の両方がなければ発達しない」とノートに書きました。受精のシステムも、殻のように「変化したことのまとまり」の性質をもっていました。

矮雄は成熟が早く、成体になるまでの生存率が雌雄同体よりも高い、さらに矮雄は雌の産卵口のそばに付着できるので、受精に有利なことを、最近の研究が確認しています。[18]

新しい矮雄は、わが国でも発見されています。図13は熊野灘の深海で採集されたヤドカリの殻の中にいた、体長約2センチの雌のウロコムシです。その背中には約5ミリの小さな雄が乗っていました。DNA解析で新種の矮雄と確認され、「イッスンボウシウロコムシ」と命名されました (https://onlinelibrary.wiley.com/doi/10.1111/jzs.12463)。

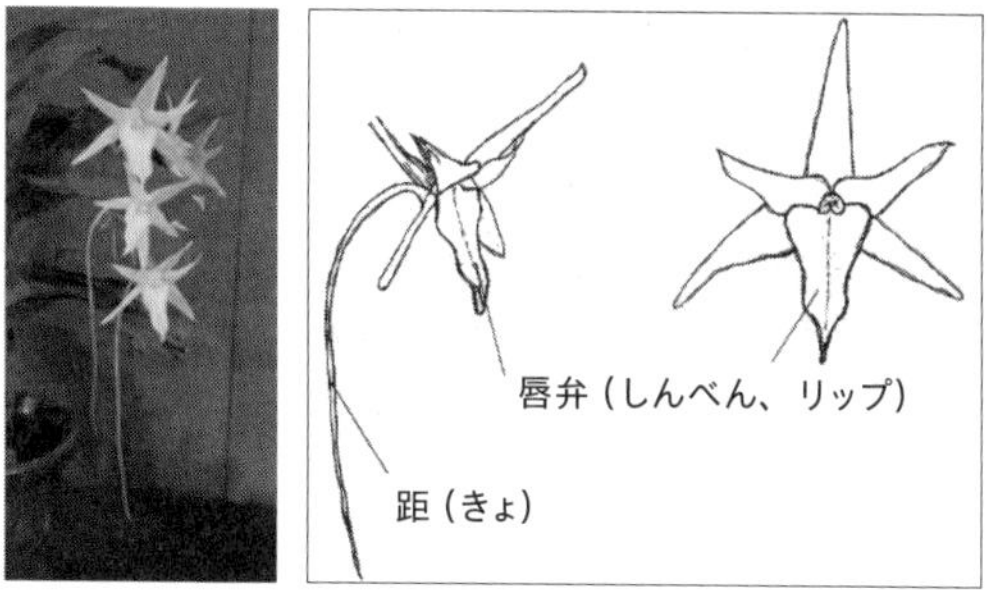

図14　アングラエクム・セスクィペダレ

個体を超える性システムの拡大——『ランの受精』(1862)

ダーウィンは、ランの受精のシステムが、個体を超えて、周囲にまで広がっていることを、1862年出版の『ランの受精』にまとめました。この本では5族のランを38枚の図で解説しています。いくつかを紹介します。

〈アングラエクム・セスクィペダレ〉

アングラエクム・セスクィペダレ［図14］は、マダガスカル島の固有種です。花弁が6枚で、下に向いた大きな花弁を唇弁《しんべん》（リップ）とよびます。唇弁の裏から、長い管が垂れていますが、それを距といいます。距にはランが分泌した蜜が溜まります。

ロンドンのキューガーデンで、このランを見たダーウィンは、長い距の奥にある蜜を吸うことのできる、クチバシの長い虫がいるだろうと、『ランの受精』に書きました。予想から数十年後に、マダガスカル島で嘴が30センチあるスズメガの一種［図15］が発見されました。

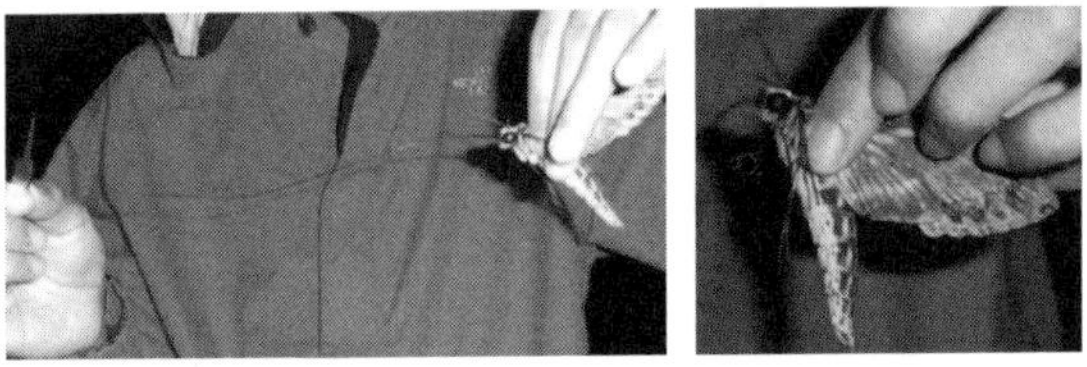

図15　スズメガ

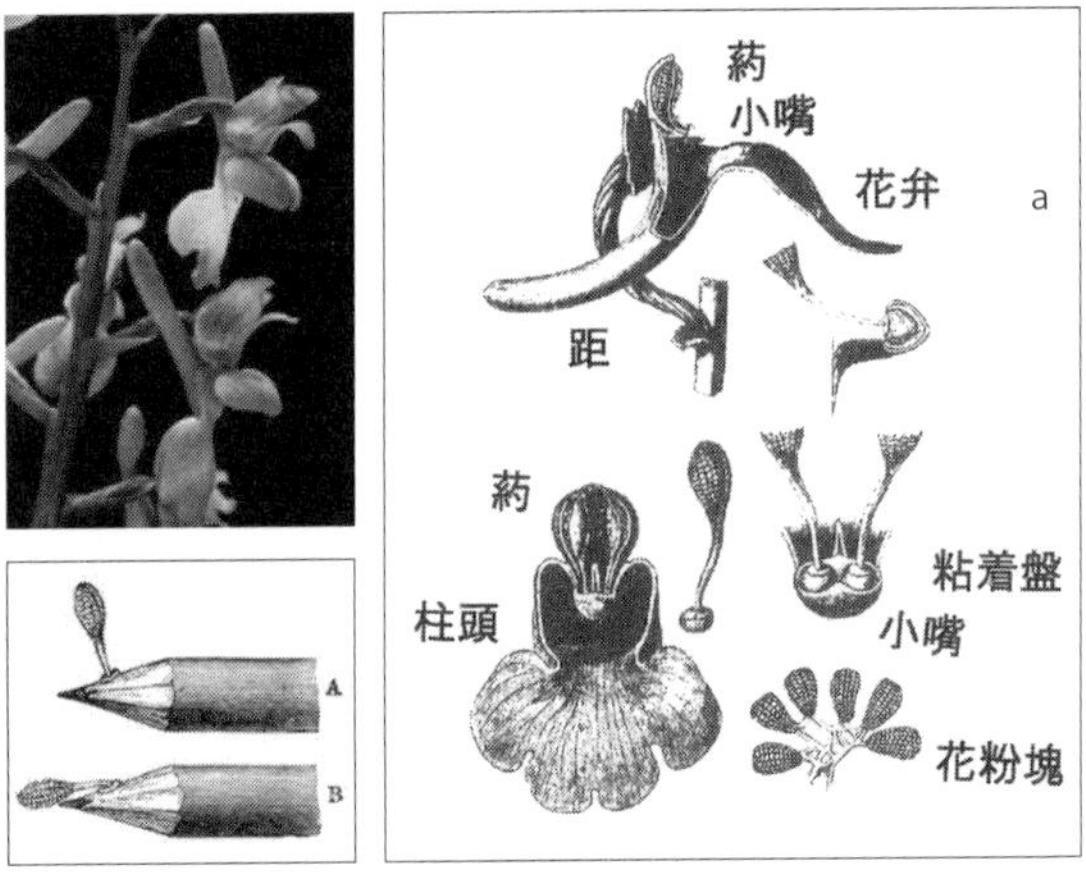

図16　オーキス・マスキューラ

〈**オーキス・マスキューラ**〉

オーキス・マスキューラの花弁にとまった虫は、距の奥の蜜を舐めようと、柱頭の下の穴へ、頭から突っ込みます。すると頂上にある花粉塊の下の小嘴《しょうし》に頭がぶつかり、小嘴が裂けて、**図16**の左下のように粘着盤が下へ曲がり（AからB）、頭に花粉が付きます。

ランは花粉を虫に付着する装置です。花粉塊は一定期間を経なければ曲がりません。それによってランは自家受粉を避け、虫による他家受粉の確率が高くなります。

〈**オフリス・ムスシフェラ（ハエオフリス）**〉

オフリス・ムスシフェラの受粉は、ハエがとりつぎます。花に香りや蜜はなく、**図17右A**のイラスト

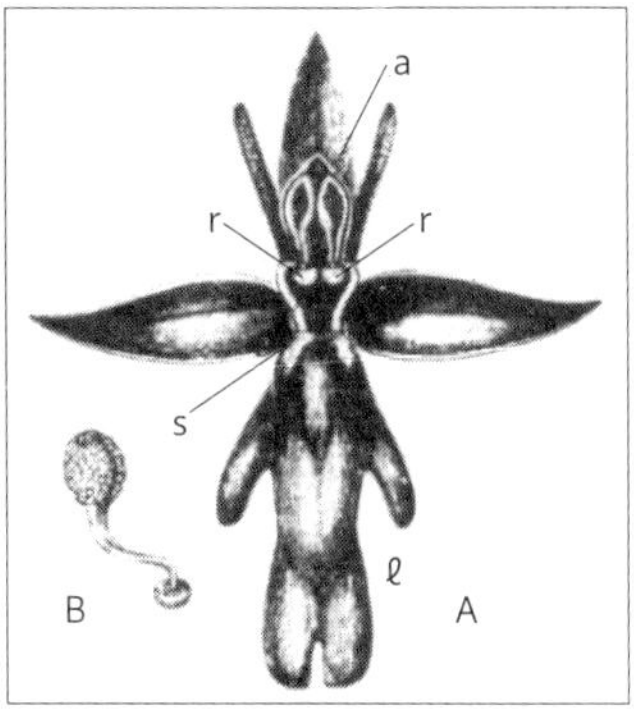

図17　オフリス・ムスシフェラ

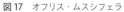

のℓの唇弁両側にあるキラキラする隆起が、蜜に見えるので昆虫がやってきます。

小嘴［r］の上に花粉塊［a］があり、その柄は二度屈曲していますB［図中の左B］。花粉塊の根元の丸い粘質球は、小嘴の下の嚢に溜まる液体に浸かっています。昆虫が唇弁のまわりにとまり、2つある小嘴を押し下げると、花粉塊の粘質球が虫にくっつきます。

〈**オフリス・アピフェラ（蜂オフリス）**〉

オフリス・アピフェラ［図18］の花粉塊はぶらさがっています。花が開くと花粉塊の入る葯室［右図a］も開き、花粉塊が垂れて柱頭の上にぶらさがります。風が吹くと花粉塊は揺れて、粘りのある柱頭にぶつかり自家受粉します。花のかたち自体は、自家受粉の装置に見えます。ただし、昆虫（ハチ）がきて、からだを花粉塊の柄の小嘴に押し付

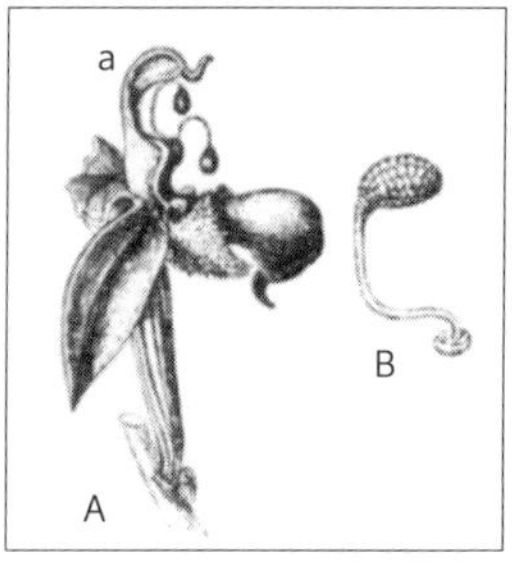

図18　オフリス・アピフェラ（蜂オフリス）

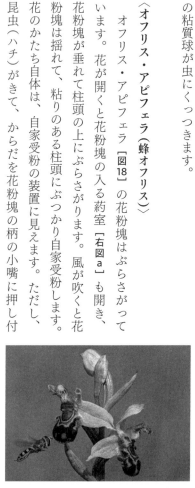

けると、粘着盤【B】が虫のからだにくっつきます。粘着盤を囊から取り出そうとすると、花粉塊が下へ曲がります。これが他家受粉の仕組みで異花受粉もします。

〈コリアンテス〉

コリアンテス【図19】は、バケツランともいいます。花が大きく下へ垂れています。唇弁の先端はバケツ状で、唇弁基部には水溶液の分泌器が2つあります。その出口がちょうどバケツの上にあり、したたり落ちた水のような液が溜まりバケツから溢れます。

花の臭いに誘われたハチは、花の表面で滑ってバケツに落ち、翅が濡れて飛べなくなります。そこで写真中央のバケツから出ている、狭いトンネルから外へ出ようとして、唇弁上部の壁にある粘着盤に背中をこすりつけ、花粉が付着します。

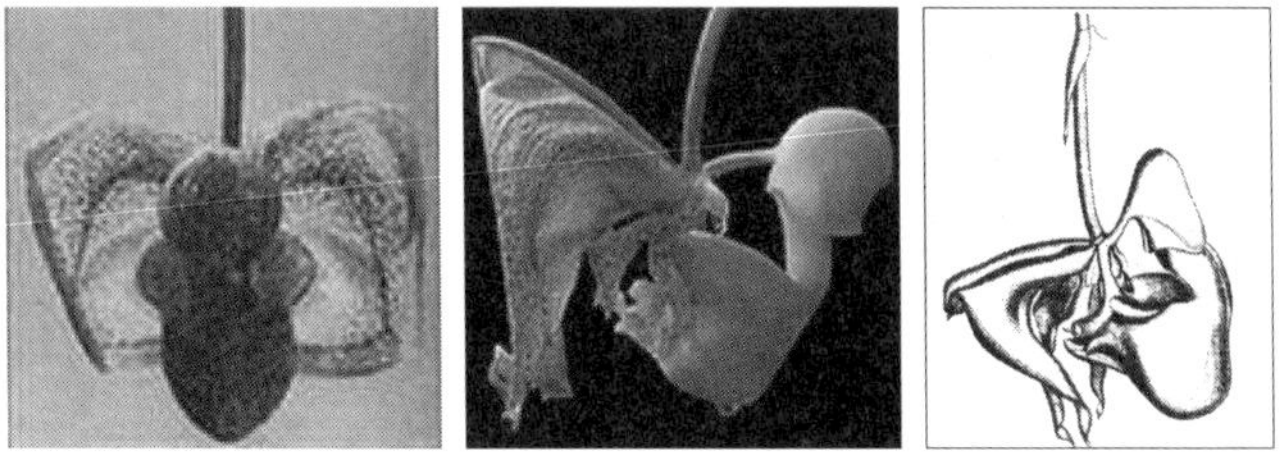

図19　コリアンテス

進化は「不完全」なものをつくる

自家受粉は、他家受粉のような花粉を運搬するより安全な受粉法ですが、ランはそれを避けています。ダーウィンは『ランの受精』に、「自然は、最も誇張した様子で、永久に自家受粉を忌むものであることを告げている」と書いています。

ランの受精器官は、周囲にいる昆虫を含む、「拡大した性システム」の一部です。生物学ではこのような変化を「共進化」と名付け、「複数の種が、互いに生存や繁殖に影響を及ぼしあいながら進化する現象。……動物媒花植物の花の形態と動物の口器の形態の相互適応的な進化はその一例」としています。[19]

ランは、最も進化した植物と言われ、種子植物全体、約23万種の内、約2万6000種がラン科です。

進化生物学者は、「ダーウィンは、祖先から受け継いだ制約を物語る不完全性からわれわれは歴史を推測するのだと主張する。ランが昆虫を引き寄せ、花粉を付着させるのに用いている「さまざまな仕掛け」は、ふつうの花の一部が大幅に変形したもので、祖先においては別の目的のために進化したものだった。ランは十分うまくやってはいるが、花はこのような変更された役割のための変形に最適な構造になっていないから、成功のための応急装備をしているにすぎない」[20]としました。

生態心理学者は、ダーウィンのラン研究は、「神さまのような有能なデザイナーの手から進化の結果を分離」し、「生物の世界は日々不完全な物を生み出し続けている」ことを示している。進化は、一見するとガラクタのようなものをつくる「間に合わせの、よろず修繕屋（tinker）」の仕事に似ているとしました。[21]

ダーウィンは同じことを、『種の起源』の最後、第14章「要約と結論」に以下のように書いています。

「種の誕生と絶滅は、ゆっくりと作用し、今もなお存在している原因によるものであって、創造という奇跡と激変が原因ではない。また、生物を変化させる原因のなかで最も重要なのは、物理的条件の変化、それもおそらくは物理的条件の突然の変化とはほぼ無関係である。生物どうしの相互作用、すなわちある生物が改良されると別の生物も改良させられたり絶滅させられたりするという関係が最も重要である」[22]

「すべての生物はシルル紀〔約4億4千万年前から4億1千万年前までの時代〕より

もはるか前に生きていた生物の直系の子孫である。したがって通常の世代交代は一度として途切れたことはなく、激変によって世界中が根絶やしにされたこともないと確信してよいだろう。……個々の生物の利益によってのみ、またその利益のためにのみ自然淘汰は作用することから、身体と精神のすべての資質はこれからも完成に向けて前進していくことだろう[23]」

「……この生命観には荘厳さがある。生命は、もろもろの力と共に数種類あるいは一種類に吹き込まれたことに端を発し、重力の不変の法則にしたがって地球が循環する間に、じつに単純なものからきわめて美しくきわめてすばらしい生物種が際限なく発展し、なおも発展しつつあるのだ[24]」

エコロジカル

ガラパゴスの植物と動物、太平洋のサンゴ礁、どの海にもいるフジツボ、そして世界中のラン。ダーウィンの仕事は、生物が、どこでも、何かをつくりだしていることを示しました。

エコロジー（生態学）のエコ、その語源は、ギリシャ語のオイコスで、住むところ、ハウスの意味です。エコロジーはハウスの科学です。20代の5年間で地球を一周したダーウィンは、地球の規模と、そこがどういうハウスであるかに直にふれました。

ダーウィンは、植物や動物について観察しましたが、同時に、それらが生き続けている地球に出会いました。ダーウィンは「ハウスとしての地球」を発見したのです。

注

（1）チャールズ・R・ダーウィン（2013）『新訳 ビーグル号航海記 下』荒俣宏訳、平凡社、228～229頁。

（2）ダーウィン、同書、229～252頁。

（3）ダーウィン、同書、267頁。

（4）ダーウィン、同書、237頁。

（5）G. de Beer (1963) *Charles Darwin: Evolution by Natural Selection.* London: Thomas Nelson & Sons, p. 86.

（6）ダーウィン、同書、241～243頁。

（7）チャールズ・ダーウィン（2009）『種の起源（下）』渡辺政隆訳、光文社、398〜399頁。

（8）チャールズ・R・ダーウィン（2013）『新訳 ビーグル号航海記 上』荒俣宏訳、平凡社、22〜23頁。

（9）ダーウィン、前掲書（2013）下、396頁。

（10）ダーウィン、同書、397〜399頁。

（11）ダーウィン、同書、400頁。

（12）ダーウィン、同書、401頁。

（13）ダーウィン、同書、408〜409頁。

（14）ダーウィン、同書、411頁。

（15）Ghiselin, M.（1969）*The triumph of the Darwinian method*. University of California Press.

（16）ダーウィン、前掲書（2009）（下）、329〜330頁。

（17）八杉龍一・小関治男・古谷雅樹・日高敏隆編『岩波 生物学辞典』（第4版、1996年、1517頁）には、「矮雄［dwarf male］雌雄異体の動物において、体が雌に比べて著しく小形である雄。体制も極度に退化している場合が多い。……蔓脚類（フジツボ）……などはその例。アンコウの矮雄もよく知られている。⇒寄生雄、⇒補助雄」とある。「補助雄」の項目（同書、1316頁）には、「［complementary male］補雄。蔓脚類のある属に見られる、雌雄同体の種と雌雄異体の種のほかに、雌雄同体個体に付着しているごく小形の雄（⇒矮雄）。C・ダーウィンがこれを記載し、さらにのちの観察により確認された」とある。

（18）Urano, S. *et. al.* (2009) 'Evolution of dwarf males and a variety of sextual modes in barnacles: an ESS approach'. *Evol. Ecol. Res.*, 11, 713–729.

（19）八杉ほか編、前掲書、319頁。

（20）スティーヴン・J・グールド「解説——小さな動物に託された大きなテーマ」、チャールズ・ダーウィン『ミミズと土』渡辺弘之訳、平凡社、1994年、307〜308頁。

（21）Goldfield, E. C. (1995) *Emergent Forms: Origins and early development of human action and perception*. Oxford University Press.

（22）ダーウィン、前掲書（2009）（下）、400頁。

（23）ダーウィン、同書、402頁。

（24）ダーウィン、同書、403頁。

レクチャー7

ミミズの生態心理学

『ミミズと土』

ビーグル号の航海から帰った翌年の1837年、「10年前に地面に石灰を厚く撒いたが、その跡がないが、どうしたのだろうか」という質問がダーウィンに寄せられました。その地面を掘り起こしてみると、約7センチ下に白い石灰の層があり、地表と石灰層の間は細かな黒土でした。

ダーウィンは、この出来事をロンドン地質学協会に「肥沃土の形成について」というタイトルで発表しました。

そこでは、「牧草地の表面に厚くばらまかれた焼いた泥灰土や消し炭が、数年後、芝生の下の数インチの深さのところにあり、一つの層をなしている」ことを報告し、そして、「地表にあった物体の明らかな沈降は……ミミズがたえまなく地表面に多量の細かい土を糞塊として排泄したことによるものである。この糞塊は……散らばって地表に横たわるあらゆるものを覆っていく。だから、全土を覆うすべての肥沃土は何度もミミズの消化管を通り、これからも何度も通るものである」と述べました。この考えは「奇妙な説」だと言われて、不評でした。

当時、多くの人は、低地の湿った牧草地ならともかく、耕地や森林、高地の牧草地で、ミミズが黒い肥沃土をつくることはあり得ないと、考えていました。ダーウィンは息子たちと調査を開始し、40年後に、『ミミズと土』を出版しました。これが生涯、最後の本になりました。

まえがきには、「適度の湿度がある地域であれば、あらゆる地表面を肥沃土（Vegetable mould）が覆っている。この肥沃土層の形成に果たしているミミズの役割を述べる……。肥沃土は一般に黒っぽく、数インチの厚さがある。地方ごとに、いろいろ異なった心土（下層土）の上にのっているが、外見的にはほとんど変りがない。構成している土の粒子が、一様な細かさであることも大きな特徴の一つである[1]」と書きました。「奇妙な説」は捨てられていません。

レクチャー7では、この本の内容を紹介します。

ミミズのからだ

アメリカのケンタッキー州では5億年前（オルドビス紀）に、イギリスでは4億年前（シルル紀）の地層にミミズの化石が発見されています。地球に古くからいるミミズは、ゴカイやヒルと同じ環形動物です。からだは100から200の環状の体節からなり、筋肉が発達しており、前進はもちろん、後退もできます。尻尾を使って、素早くトンネルに潜り込みます(2)。

ミミズは夜行性です。日中はトンネル入口のそばにいます。雌雄同体ですが、2個体で交尾します。**図1**はミミズの消化器官です。最上部の口は呼吸器官ではなく、皮膚呼吸しています。先端には大脳神経節があります。ダーウィンは飼っているミミズで感覚を調べました。

視覚：眼はないが光には敏感。光を当てると、すぐにトンネルへもぐり込む。光に反応するのは神経節のある先端部分だけで、トンネルに葉を引き込む時、食べている時や交尾中には、光に無関心である。このように場面によって、反応を変えること、さらに、

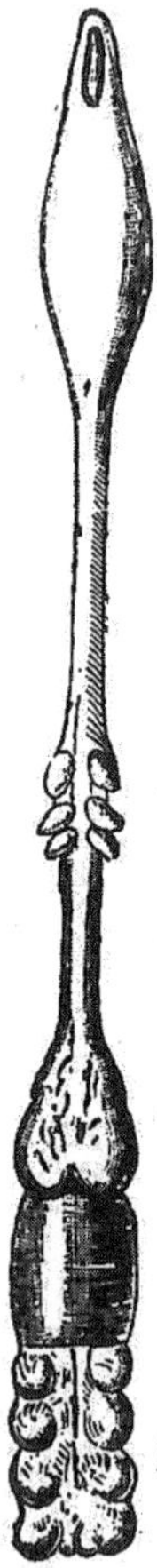

図1　ミミズの消化器官

トンネルの内側を土や小石で裏打ちし、入口をいろいろなものでふさぐことなどから、「ミミズは注意力とある程度の知的能力を持つ」としました。

聴覚：聴覚はありません。ピアノの近くのテーブル上に、ミミズを入れたポットを置いて鍵盤を1つ叩いても、ミミズの動きは変わりません。空気の振動には無反応でした。しかし、モノの振動には敏感で、ピアノの上にポットを置いて、同じように鍵盤を叩くと、ミミズはあっという間にトンネルへもぐり込みました。

触覚：接触にも敏感です。息を吹きかけると、すぐトンネルへ逃げ込みました。トンネルから外へ出る時は、からだの先端を触覚器官のように、いろいろな方向へ動かしていました。

嗅覚と味覚：好みの食べ物があり、キャベツは大好物で探すこともありました。

糞塊

ミミズは雑食性です。多様なものが混ざっている土を大量に呑み込んでいます。とくに固いものや、嫌な味のもの以外、消化できるものは、なんでも口に入れます。新鮮な葉はもちろん、腐りかけた葉や肉のカケラも食べます。生の脂肪が好きで、高等動物の膵液に似た消化液を分泌します。呑み込んだ食物は、砂粒の詰まった砂嚢で砕きます。食道の中間にある石灰線からは、葉を食べることで体内に蓄積した石灰を排出します。ミミズの石灰が混ざると、土は耕作に適した弱酸性になります。

ミミズは土に含まれる有機物を食べるだけで、生きていけるとダーウィンは考えていましたが、地面に積み上げられた糞塊は、それを肯定するように大きなものです〔図2〕。糞塊は石灰質を含む、細かい黒土の塊です。ダーウィンの測定では、普通は2・5インチ（1インチは2・54センチ）くらいの高さで、最大で3・5インチあり、直径は約1インチでした。塔の中央には小さな通路があります。ミミズはその中を登って、消化した土を塔の上から外へ排出します。

図2　フトミミズの一種による塔のような糞塊（ニース付近）

ダーウィンは、排泄場面〔図3〕を観察して、「土がひどく液状のとき、それ〔糞〕はほとばしり出てきて、液状でないときはゆっくりした蠕動運動によって排泄された。それは一方向にむとんちゃくに投げ出されるのではなく、多少とも注意を払いながら、はじめある方向に投げ出されると、次には他の方向に投げ出される。しっぽは左官の鏝《こて》のように使われる」と書いています。[3]

地表の肥沃土の厚さ

いくつかの場所で、ミミズが地面に出した糞の量を測定しました。

1822年に、沼沢地を排水して草の種を撒いた平らな「ふつうの牧草地」に、泥を焼いて作った灰と石炭ガラを厚く撒きました。15年後の1837年に穴を掘ってみると、上から0・5インチが芝生［図4A］で、その下［B］には、カケラなどを含

図3　トンネルの外に糞をするミミズと糞塊

んでいない2・5インチの黒く細かい肥沃土がありました。その下1・5インチは、泥の焼灰の赤い破片が詰まった層［C］で、最下部は、この土地元来の石英の小石を少し含む砂地でした［D］。

6年後に、もう一度調べると、地表から4インチのところから下に焼けた破片がありました。21年間で地表の肥沃土の厚さは、4インチになりました。年平均で0・19インチ（約5ミリ）、ミミズが地表に積んだことになります。

「やせた牧草地」も調べました。まず1835年の春に、赤い砂を厚く撒きました。7年後の1842年に穴を掘ったところ、赤砂は芝から1・5インチ下にありました。ここでは年平均0・21インチ（5・3ミリ）の肥沃土が地表に積まれました。

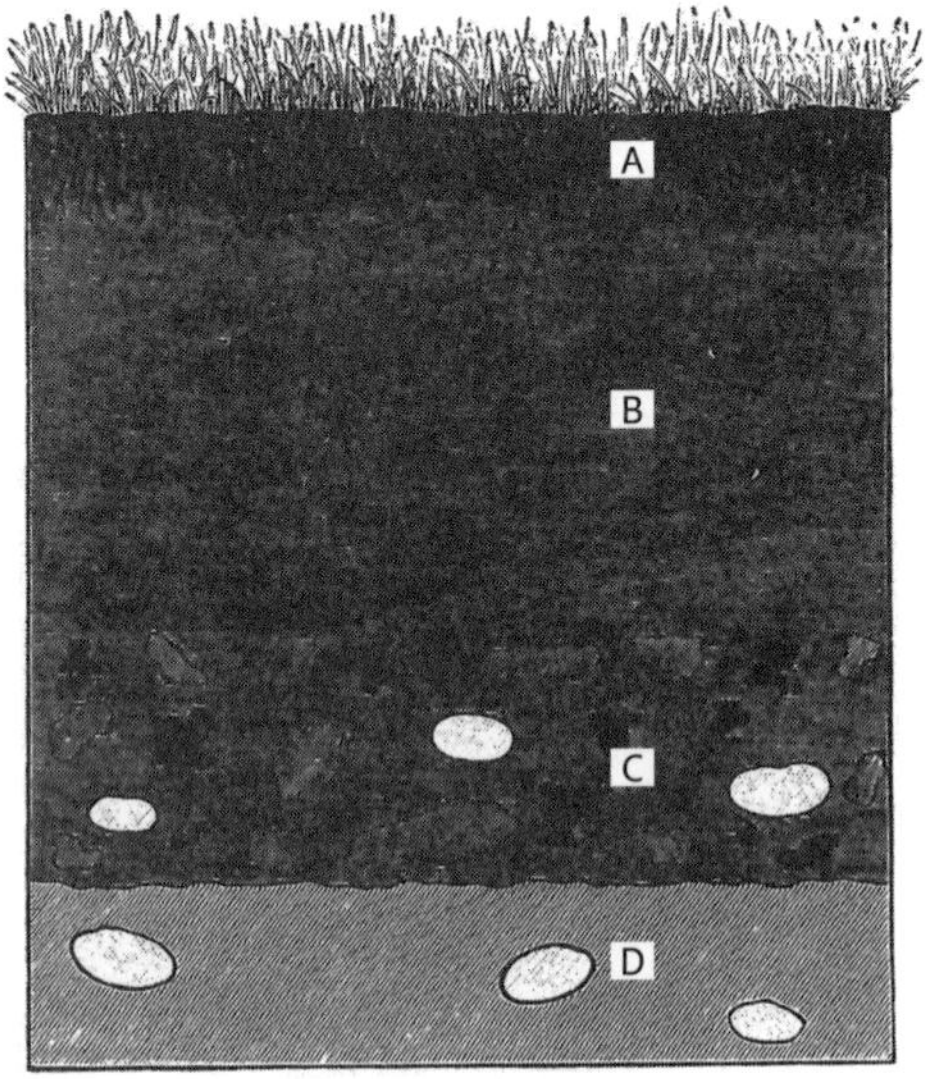

図4　15年前に焼泥灰を撒いた牧草地の地中

ダーウィンの住居のそばのケント州では、1942年に砕いた大量の石灰岩を牧草地の一画に撒きました。29年後の1871年に、溝を掘ってみました。白い塊の一本線が表面から7インチ下に見つかりました。最上部にある芝を除くと、肥沃土は年平均、0・22インチ（5・6ミリ）地表へ積まれたことになります。

この3つの例では、年平均で厚さ0・19から0・22インチ（5〜6ミリ）、ミミズは肥沃土を、地表に運んだことになります。

牧草地の隣に、傾斜15度の荒れ地がありました。1841年、そこは植物が少なく、大きい石がころがっていて、こどもたちは「石だらけの原っぱ」と呼んでいました。

ダーウィンは大きな石が「肥沃土と芝によって覆われるのを見るまで〔自分は〕生きておれるかどうか……」と考えましたが、この大きな石はしばらくすると見えなくなり、やがてその原っぱは、「馬がひづめを石に当てることなく駆ける」ところになりました。30年後の1871年、そこに溝を1本掘ると、表面から2・5インチの厚さの肥沃土がありました。この場所の肥沃土の堆積は、年平均0・083インチ（2ミリ）と、他よりは少ない量でしたが、「石だらけの原っぱ」を覆いました。

大きな石も古代建築も沈む

地面にあるすべてのものは、地面の下へ沈みました。

大きな石：草原にあった長さ64インチ（1メートル63センチ）、幅17インチ（43センチ）、厚さ9～10インチ（25センチ）の大きな石**［図5］**を観察しました。ミミズは石の陰が好きなので、石の下のすきまはすぐに糞で埋まりました。すきまが無くなると、ミミズはまわり全体に糞をして、石の周囲の地面が盛り上がりました。

この石は、35年間で約1・5インチ（3・81センチ、1年で1・1ミリ）沈みました。このまま放置されて沈降すれば、この石は247年で見えなくなる。ただし、大雨が降ることも加味する必要があると、ダーウィンは書いています。

古代建築：1877年8月20日に、ロンドン近郊で1400年から1500年前に放棄され、廃墟になったローマ時代の住居の発掘に立ち会いました。

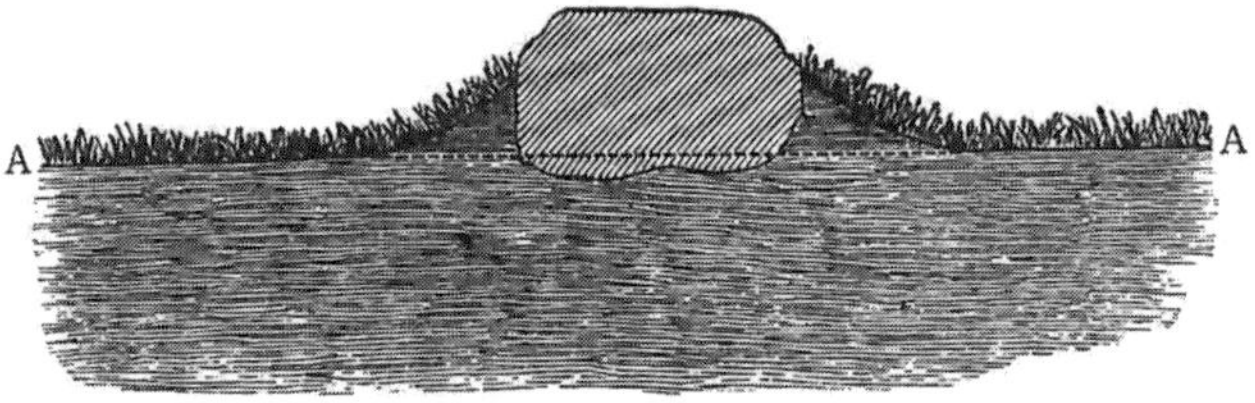

図5　草原に35年間ある石の断面図

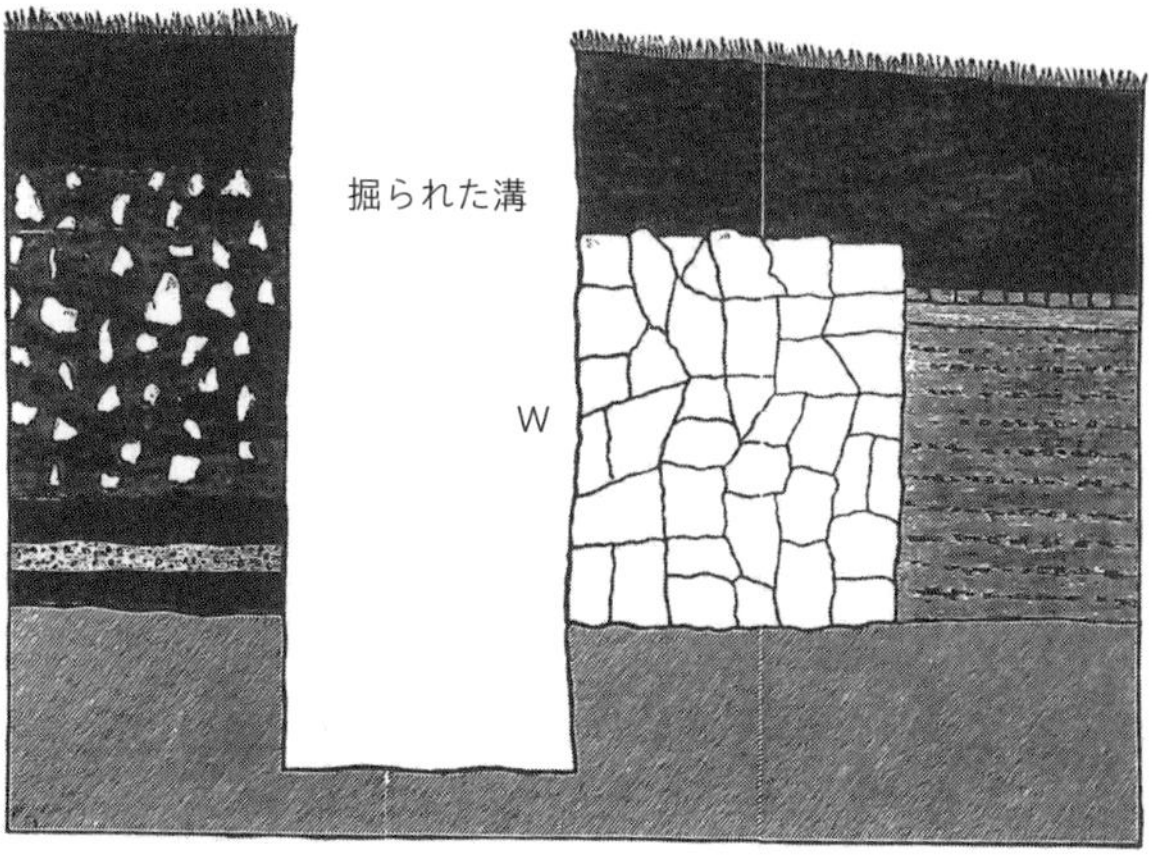

図6　ローマ時代の基礎の断面図
A：肥沃土　B：石の詰まった黒い土　C：黒い肥沃土　D：壊れたモルタル　E：黒い肥沃土　F：壊されていない心土　G：モザイク片　H：コンクリート　W：埋まっていた壁

図6のように、遺跡の中庭の跡に幅4～5フィート（1フィートは30・48センチ）、深さ5フィート以上ある溝を掘りました。

埋まっていた壁［W］左側の、最上部には厚さ9～14インチの肥沃土［A］、その下は多数の石の詰まった23インチの黒い土［B］、その下に肥沃土［C］、そして壊れたモルタル破片を含む層［D］、再び肥沃土の層［E］、最下部は、黄色い粘土の心土層［F］でした。

ダーウィンは、「肥沃土をしっかりしているように見える床の下からミミズが持ち出してきたというのは、ほとんどありえないことのように思えた」、だから「私は最初……肥沃土はすべて畑の高いところから流れてきたものであると結論した」のですが、「この結論は明らかに、まちがい」でした。

なぜなら、図の右側のコンクリートの床【H】には、はじめ、どこにもミミズによる穴は見つけられなかったのですが、次の朝には、コンクリートのやわらかい部分とモザイク片【図右のG】の隙間を貫いて、土の小さな塊7個が、ミミズのトンネル穴に持ち上げられていることが確認できました。調査の3日目には、さらに25個の同様な穴が見つかり、そこにあった土の塊を持ち上げてみると、44匹のミミズがあわてて引っ込みました。ほとんどのミミズは、かなり深いところ、例えば、地表から57インチ(約144センチ)や61・5インチ(約156センチ)のところにもいました。

追って、地元の人から、記録が送られてきました。9月13日には糞塊31カ所、14日は穴34個、15日は穴44個と5個の糞塊。18日は43個の穴と8個の糞塊。(途中省略)10月13日に61個の穴。そして3年後の1881年にも「ミミズはまだ活動している」という報告が来ました。

他の場所にある古代建築も調査しました。そこでもミミズが地中の廃墟で活動していることを確認しました。

世界の肥沃土の重量

1881年、ダーウィンは地表の肥沃土の重さを計算して、牧草地では1年間1ヘクタールあたり18・7トンから40・3トンと報告しました。

以下は、その後の世界各地からの報告です。すべて1ヘクタールあたり、1年間に増えた量です。(4)

ヨーロッパ（平均27t）：イギリス（1934）は、草原で5・1トン、ブナ林で6・7トン。カシワ林で5・7トン。スイス（1928）は、牧草地で77・1トン、ゴルフコースで80・1トン、森林で7・7トン。オランダ（1994）は、草地で7・5トン。

アジア（平均169t）：仙台（1931）は、大学構内で281・7トン。京都（1975）は、草地で38トン。タイ（1984）は、草地で132・6トン。

アフリカ（平均145t）：ガーナ（1955）は、熱帯降雨林で4トン。カメルーン（1956）は、210トン、ナイル（1912）は、280トン。ナイジェリア（1965）は、草地で222・4トン。

アメリカ：農務省が20世紀のはじめに、「1年間で1エーカー〔0・405ヘクタール〕

あたり約50トン。ミミズがかきまぜる土の量は1エーカーあたり1000トン」と報告しています。

アジア、アフリカ、ヨーロッパの順に多く、草地や森林より、牧草地やゴルフコースに多いようです。

ミミズの数

1平方メートルあたり何匹のミミズがいるのか、**表1**は世界中の報告をまとめた表です。個体数の最少はインド草地の64匹で、最多はニュージーランド牧草地の2020匹です。

植生		個体数	現存量g	報告者
牧草地	オーストラリア	460～625	62～78	Barley(1959)
	ニュージランド	208～775	62～241	Sears & Evans(1953)
	〃	690～2020	305	McColl & Lautour(1978)
	〃	740～1235	146～303	Waters(1955)
	フランス	288	125	Bouche(1977)
	南アフリカ	72～1112	—	Reinecke & Ljungstrom(1969)
	英　国	646	149	Reynoldson(1966)
	〃	390～470	52～110	Svendsen(1955)
	北海道(雄武)	1256	—	北海道開発局
	〃（標茶）	921	—	〃
	〃（浜頓別）	774	—	〃
牧草地(施肥)	アイルランド	400～500	100～200	Cotton & Curry(1980)
休閑地	オーストラリア	210～460	16～76	Barley(1959)
草地	ニュージランド	250～750	—	Lee(1958)
	インド	64～800	6～60	Dash & Patra(1977)
	アイボリーコースト	91～400	13.4～54.4	Lavelle(1978)
果樹園	オーストラリア	2000	—	Tisdall(1978)
	オランダ	300～500	75～122	van Rhee & Nathans(1961)

表1　ミミズの個体数・現存量（㎡あたり）⑤

侵食

地球の地面はもともと岩石ばかりでした。やがて岩が崩壊して、地表をつくる砂のような小さい物質になり、低いところへ、下へと動きました。これを侵食(denudation)といいます。海の波、川の流れ、雨や風も地表を侵食します。

地表をつくる黒い肥沃土は、ミミズのからだを何度も通り抜けたものですから、ミミズのからだも、土を侵食しています。

ミミズがトンネルに引き入れた葉は、濡れて破れ、小さな破片になり、土と混ざります。ミミズの消化液は酸を含み、土の中の石を分解します。ミミズの腸の上にある砂嚢【図1】は、強い筋で囲まれており、それが収縮すると、土に混ざっている石のカケラやビーズ、煉瓦やタイル片などをすりつぶします。古代建築の跡には、数世紀のあいだに、ミミズに何度も呑み込まれることで、とても小さくなった建築材の粒がありました。

粒状の土どうしが擦れると、より小さい粒になります。粒状の土である肥沃土の中では、土の粒が砕かれ続けます。

ます。

ミミズは土の秩序、媒質をつくっている

淡水動物は、からだに浸透した水分の排出による塩分の減少を抑えるために、大量の薄い尿をつくります。海生動物は、塩分の流入と水の流失を抑えるために、少量の濃い尿をつくります。これらの動物は体内の水分と塩分を適切に保つ器官、腎臓を持っています。

淡水動物に近いミミズは、体内の水分に、血圧と運動筋の圧を加えることで、体外からの水の浸透を抑えています。ミミズのつくる黒土は水の浸透力が弱く、その中にいると水は体内へあまり入ってきません。黒い肥沃土は、ミミズの「体外腎臓」として働いているわけです。(6)

トンネルの中で、ミミズはからだの表面から粘液を分泌し、それが土に混ざると、土の粒子どうしが接着して団塊になります。そこに、ミミズの石灰腺から出る炭酸カルシウムの結晶が混ざり、土はより壊れにくく、崩れにくくなります。さらに穴を葉でふさぐことで、外気による穴の風化は抑えられます。

自然にまかせると雨や風の侵食で、土は無秩序に向かいますが、ミミズの活動がそれを押しとどめ、あるいは逆行させて、「土の秩序(団粒化)」は守られます。ミミズが土

を食べて、その中を移動することで、適度に水が浸透し、保水力があり、空気で満たされた土が、地表に厚く広がります。そこはミミズ自身がその中で生きる「媒質」(レクチャー3、54ページ)です。ミミズは地表を、自分のからだが適応できるところにし続けているわけです。

4〜5億年前から、ミミズは、岩や石だらけだった地表を食べ続け、糞を地面に積み上げてきました。地球の地表には、じょじょに黒土層が広がりました。この自らつくった媒質の中でミミズは生き延びました。目が詰まり、保水力が小さく、温度変化の大きい土壌にミミズを移植すると、10年くらいで、ミミズの棲むことのできる、穏やかな黒土に変わることが知られています。ミミズは随分と昔から、地表をつくることを自分のライフの中心にした動物です。そして、いまもその活動を継続しています。

ミミズのつくった地面は、生きものに多くのアフォーダンスを与えました。

植物は黒土に根を張り、陸生動物は地面を移動します。地面の肌理は、ヒトでは遠くのモノの大きさを見る基準となり(レクチャー4、77〜78ページ)、肌理の流れ、オプティカル・フローは、鳥の飛行情報です(同、88ページ)。動物も植物もミミズの糞のつくったサーフェスの上で進化してきたわけです。

同じことを、違うモノ、異なるやり方で達成する：ミミズの知能

『ミミズと土』には、もう一つの発見が書いてあります。

ヨーロッパのミミズは、寒さの厳しい季節になると、トンネルの穴をふさぎます。図7のミミズは、葉の端をくわえて穴に引っ張り込んでいます。穴ふさぎに小石なども使います【図8】。

図7　枯葉を巣穴へ引き込むミミズ（上から下へ）

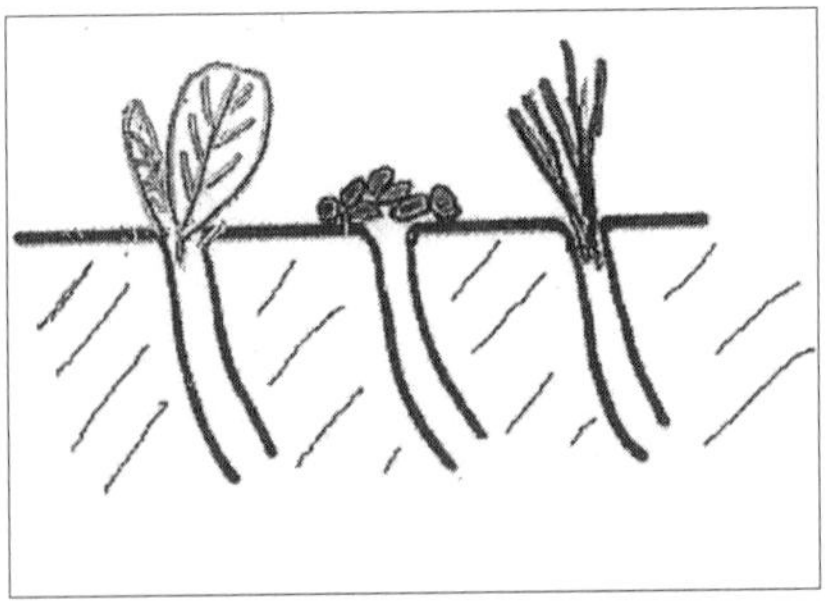

図8　左から、葉の柄、小石、針葉で穴をふさぐ

『ミミズと土』の第二章「ミミズの習性（つづき）」には、「もし、人間が葉、葉柄あるいは小枝のような材料で……穴をふさがなければならないとしたら、とがった先端から引きずり込むか押し込むかするであろう。……材料が穴の大きさに比べて非常に細ければ、何本かを太く広い端の方からさし込むだろう。……それを導くのは知能であろう。したがって、ミミズがどうやってトンネルの中へ葉を引っぱり込むか、先端、基部、あるいはまん中を持つのかを注意深く観察する価値はあるように思われる。……もし、ミミズが本能すなわち不変の遺伝的衝動によってのみ行動するのなら、ミミズはすべての種類の葉を同じ方法でトンネルに引き込むはずである。ミミズがそのようながっちりした本能を持っていないのなら、先端、基部、あるいはまん中のいずれをつかむかは偶然で決まると考えることもできよう。もし、この二つの案がどちらも否定されれば、知能だけが残る」とあります。(7)

この仮説を確かめるために、ダーウィンが冬のフィールドで行った観察結果の一部が次です。

シナノキ【図9】：イギリスの自生種ではない。基部（葉柄）が広く、葉先が尖っているシナノキ70枚では、葉先が79パーセント、基部は4パーセント、真ん中から17パーセント引き込まれていました。

キングサリ［図10］：外国産のキングサリ。葉の先端と葉柄部のかたちはあまり変わらない。73枚中、先端は63パーセント、基部が27パーセント、真ん中から10パーセントが引き込まれた。かたちが似ている場合、ミミズは葉柄をさけるようです。

シャクナゲ［図11］：91枚のシャクナゲでは、基部が66パーセント、先端から34パーセント引き込まれました。

マツの針葉［図12］：少数の例外を除き、2本の針葉がくっついた基部から引き込まれた。

クレマチスの葉柄［図13］：砂利道、芝生、花

図9　シナノキ

図10　キングサリ

図11　シャクナゲ

図12　マツの針葉

図13　クレマチスの葉柄

壇のトンネルから引き抜いたクレマチスの葉柄314本では、先端から76パーセント、基部から24パーセントが引き込まれました。「踏み固められた砂利道」の59本では、先端が基部の5倍あった。「土が容易にへこみ、トンネルをふさぐのにあまり労力のいらない芝生や花壇」では、先端（130本）と基部（48本）の割合は約3対1で、「ミミズは多分、労力を節約するために最初数本は太い端〔基部〕の方から引っぱるのかもしれない。しかし、後の大多数は、トンネルの入口にしっかりふたをするために、尖った端〔先〕から引き入れるのであろう」

三角形の紙片：便箋用紙でつくった二等辺三角形303枚の「人工の葉」も用意しました。かたちが雨や霧で変わらないように、両面に生の脂肪を塗りました。2つの等辺の長さは3インチで、底辺の長さは、120枚では1インチ、残りの183枚は0・5インチの2種類でした。

飼育箱のミミズは「ヘリを口で摑む」、「角を吸い込む」、「ヘリや角以外の平らな表面のどこかを吸う」という3つの方法で葉をくわえました。もし偶然にくわえたところを引き込むのなら、面積が広い、角の多い底辺が高い確率で引き込まれるはずである。

結果は、底辺1インチの三角形では、先端から59パーセント、中央部から25パーセント、基部から16パーセント。底辺0・5インチでは、同じく65、14、21パーセントで、いずれも多くが先端から引き込まれました。先端から引き込まれた189枚の紙を確認すると、底辺部分にミミズのつけた汚れがあったのは21枚だけでした。

どうやら試行錯誤、つまり、いろいろなところを引き込んでみた結果、先端が使われたわけではない。ミミズはおそらく葉をくわえて、振ってみることで、かたちを知ったのかもしれません。

ミミズは、周囲のモノに、「穴ふさぎのアフォーダンス」、つまり穴に引き込みやすく、穴をしっかりとふさぐ性質を探して、そこを使っていました。

ミミズは穴ふさぎのアフォーダンスを、異なるモノの異なる部分に発見していました。地面の硬さが変わると、硬さに対応できる性質をモノに探していました。おそらく気温が低い時期には穴はしっかりとふさがれるはずです。

穴ふさぎのアフォーダンスは、いろいろなモノにあります。ミミズは「穴ふさぎ」という意味を、多様なモノに発見していました。ダーウィンはそれを「ミミズの知能」と呼んでいます。ダーウィンの観察は、アフォーダンスを知る方法を示しています。

起き上がりのアフォーダンス：カブトムシの観察

筆者は、早速、ダーウィンのマネをしてみました。

ある夏、田舎住まいだったわが家に飛び込んできたメスのカブトムシを、硬いフローリング床の上でひっくり返しました。カブトムシは起き上がろうと必死に動きました。虫のそばにいろいろなモノを置いてみました。タオル、うちわ、鍋敷、チラシ、爪楊枝、リボン、ビニルひも、ティッシュ1枚、Tシャツ、シソの葉、メモ用紙、割り箸、写真フィルムの蓋などです。

カブトムシがどうやったのか、一部を次ページの**図14上**に示しましたが、動画を左記のURLでご覧ください。**図14下**の3種類の起き上がりのアフォーダンスが発見されました。

http://www.youtube.com/playlist?list=PLbep2IZXnfqyweNTi2xks3Ye6pNJxi9zQ

地球の心理学

レクチャー7のタイトルは、「ミミズの生態心理学」です。〝ダーウィンが、なぜ生態心理学？〟と考えた読者も多いと思います。

A：うちわの縁

B：シソの葉

C：割り箸

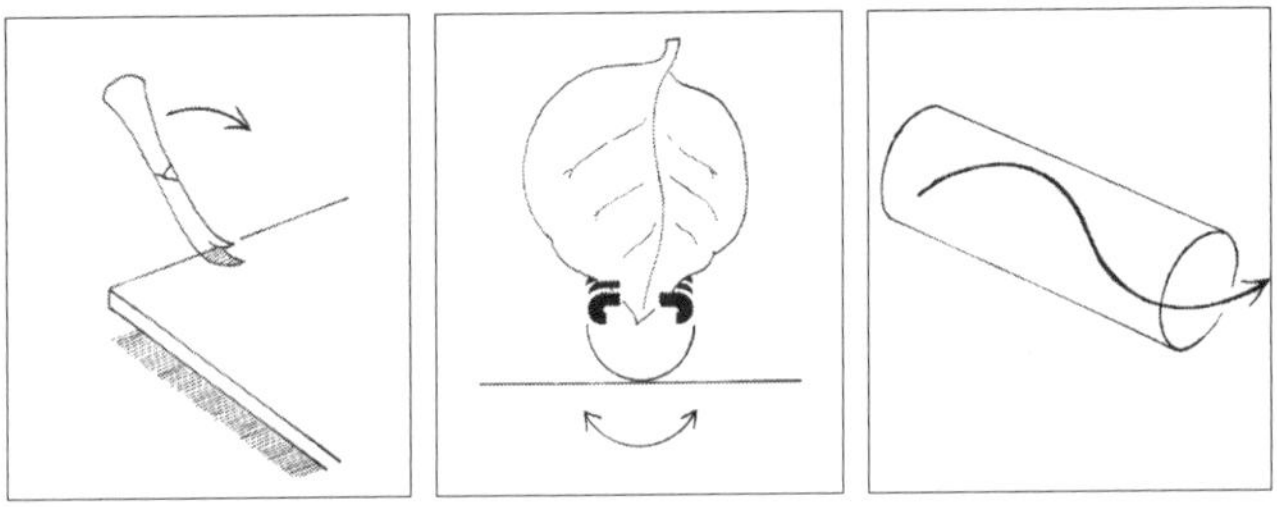

A　　B　　C

図14　3種類の起き上がり

レクチャー6で話しましたが、ダーウィンは、ガラパゴスの植物と動物、サンゴ礁、フジツボ、ラン、ミミズなどを通して、動物や植物の動きを、生息する所と同時に観察することを実践しました。そして、多様なことがあらわれてくるところを詳細に書き残しました。生きものの「ふつう」にこだわることで、「地球のアフォーダンス」のいくつかを明らかにしました。

ダーウィンはさまざまな規模の地球環境をテーマにしましたが、最後の『ミミズと土』では、黒土の地表を媒質として生きて、媒質である土の秩序を自ら更新し続けている、ミミズの壮大なライフの意味を明らかにしました。

レクチャー5までで紹介したギブソンは、地面の発見をきっかけに、「地面と視覚」と「空気と視覚」、つまり「地球の視覚」を生涯のテーマにしました。

19世紀のダーウィンと20世紀のギブソン、2人が「地球の心理学」をはじめて、そして確かな領域にしました。

どちらも「エコロジカルな心理学」です。

注

（1）チャールズ・ダーウィン（1994）『ミミズと土』渡辺弘之訳、平凡社、9頁。
（2）中村方子（1996）『ミミズのいる地球』中公新書。
（3）ダーウィン、前掲書（1994）、108頁。
（4）渡辺弘之（2002）『土壌動物の世界』東海大学出版会、13頁の表1「糞塊生成量」より。
（5）渡辺弘之（1995）『ミミズのダンスが大地を潤す』研成社、55頁。
（6）J・スコット・ターナー（2007）『生物がつくる〈体外〉構造——延長された表現型の生理学』深津武馬監修・滋賀陽子訳、みすず書房。
（7）ダーウィン、前掲書（1994）、66頁。

あとがき——地球の心理学へ

ミミズの観察をはじめて44年後、ダーウィンは『ミミズと土』を出版しました。地表の黒土が、ミミズの糞であることを確認した本です。

最新の土壌動物の研究は、土の中のミミズの重量が増加すると土は団粒化する、つまり、地中にすき間が多くなり、通気性や排水性が向上する、逆に、人工的にミミズを除去した土地の団粒率は減少するという結果を示しています。

ミミズが地表に糞をして土をかき混ぜることで、地球の表面には、「土の秩序」が広がります。ミミズの生活は、それをきわめて長く持続させてきました。『ミミズと土』は、ミミズの生活と土の性質が、一つながりであることを示しました(レクチャー7)。

生物学の用語に媒質(medium)があります。英語のミーディアムはメディア(media)

の単数形で、「中間にあるもの」を意味します。辞典は媒質を、「生活系の外周を包囲し、その表面と直接の接触を保ち、いわばその系の生活の場となる物質」と定義しています（『岩波生物学辞典』１９９６年）。

19世紀にダーウィンは、ミミズが自分たちの媒質をつくる動物であることを発見しました。

20世紀の半ばから、ギブソンは媒質を中心にする心理学を考えはじめました。

陸生動物の媒質は空気で、水中の動物の媒質は水です。空気と水の中には、光源から降り注ぐ光が広がります。さらに、モノどうしの摩擦や衝突から起こる振動、花や燃焼などから広がる微小な化学物質の「雲」も広がります。空気と水に棲む動物はこれらに囲まれています。

均質な媒質に生じる、光、音、匂いのつくる不均質が、知覚情報であることをギブソンは発見しました。媒質に生じる不均質が、周囲にあるもの、それに起こる変化を知ることを可能にします。美しい花のそばに行く時のように、媒質に生じている不均質にガイドされて、動物は移動しています。不均質が、周囲にあるアフォーダンスを特定しています。

一つながりの張力ネットワークの中に、複数の部材を埋め込んでかたちをつくる設計法をテンセグリティといいます(レクチャー3)。

テンセグリティ構造は、変化に即応する強い回復力を持つ、どの方向にも安定なシステムです。建築家の提案したテンセグリティは、動物身体にも発見されました。一個の細胞を、3次元の網目構造で支える「細胞骨格」や、全身で、神経と血管の束を包む筋膜、骨と靭帯、筋肉、皮膚のつながりもテンセグリティでした。つまり、身体はテンセグリティ媒質でした。そして、テンセグリティ媒質の身体は、水や空気の媒質と接して、そこの情報を探っています。

20世紀後半、フラーによるテンセグリティの提案は、細胞－身体－空気－水－土－建築を媒質でつなげました。いま、進行中の21世紀は、19世紀と20世紀、2つの世紀の媒質の発見をベースに、新しい探索をはじめています。

媒質はミクロでもマクロでもありません。そのあいだの中くらいのことです。ふつうの生活で、わたしたちはまわりにある媒質に、いつでも注意して、その変化を探っています。「地球の心理学」は、身体を囲んでいることについての科学です。

＊

本書のきっかけは、2019年にネット配信された「テンミニッツTV」という1回が10分で、9回続きのビデオ講義です。それを見た学芸みらい社の小島直人さんが、「わかりやすいですね、本にしませんか」と誘ってくださいました。

もちろん本書の各レクチャーは短い10分間のビデオ講義をそのまま記録したものではありません。この機会に、現在担当している美大での講義(1回90分)を、話し言葉でまとめました。文献を再読するために長い時間がかかりました。ダーウィンのレクチャーには、原典の読み直しが必要でした。

アフォーダンスについては、ずいぶん前に本を書きましたが、久しぶりの「書き下ろし」になりました。本書の読者に、アフォーダンスについて、そして、「地球の心理学」への新たな探索がはじまることを期待しています。

2023年12月

佐々木正人

図版出典・提供者一覧

レクチャー1 アフォーダンス?

図2 エレノア・J・ギブソン(2006)『アフォーダンスの発見——ジェームズ・ギブソンとともに』岩波書店、152頁より
図3 同書、98頁より
図4 同書、121頁より
図5・6・7下 写真提供:ユニフォトプレス
図8・9・10 写真提供:共同通信社/ユニフォトプレス
図11 写真提供:NAOTO FUKASAWA DESIGN
図12上 写真提供:共同通信社/ユニフォトプレス
図12下 写真提供:ユニフォトプレス
図13 写真提供:隈研吾建築都市設計事務所

レクチャー2 身体——知覚するシステム

図1 http://www.youtube.com/watch?v=GRhEt11iVGY
図2 坪倉ひふみ(2002)「General Movementの臨床的意義」『脳と発達』第34巻第2号、125頁より
図3 Thelen, E., Coebetta, D., Kamm, K., Spencer, J. P,. Schneider, K., & Zernicke, R. F. (1993) The transition to reaching: Mapping intention and intrinsic dynamics.*Child Development*, 64, 1058-1098. より
図4 山本尚樹(2016)『個のダイナミクス——運動発達研究の源流と展開』金子書房、79〜80頁より
図5 同書、81頁より
図6 佐々木正人・三嶋博之編訳(2001)『アフォーダンスの構想——知覚研究の生態心理学的デザイン』東京大学出版会、174頁より
図7 同書、176頁より
図8 同書、180頁より
図9 Carello, C. (2005)「筋感覚の物理学と心理学」『生態心理学研究』第2巻第1号、57頁より
図10 Burton, G., & Turvey, M. T., & Solomon, H. Y. (1992) Can shape be perceived by dynamic touch? *Perception & Psychophysics*, 48, 477-487.より
図11 Carello, C. (2005)「筋感覚の物理学と心理学」『生態心理学研究』第2巻第1号、66頁より
図12 Stephen, G. D., & Hajnal, A., (2011) 'Transfer of calibration between hand and foot: Functional equivalence and fractal fluctuations'. *Atten Percept Psychophys*, 73; 1302-1328. より

レクチャー3 水と空気の情報

図2下 野中哲士(2016)『具体の知能』金子書房、2016年、87頁より
図3 Niesterok, B., &Hanke, W. (2013) Hydrodynamic patterns from faststarts in teleost fish and their possible relevance to predator-prey interactions. *Journal of Comparative Psysiology A*, 199(2), 139-149. より
図4 Hanke,W., & Bleckmann, H. (2004) The hydrodynamic trails of Lepomis gibbosus(Centrarchidae), Colomesus Psittacus(Tetraodontidae) and Thysochromis ansorgii(Cichlidae) investigated with scanning particle image velocimetry. *Journal of Experimental Biology*, 207(9), 1585-1596.

より
図5　http://www.marine-science-center.de/hydrodynamics.html
図6　写真提供：釧路市動物園
図7　J・J・ギブソン（2011）『生態学的知覚システム――感性をとらえなおす』東京大学出版会、93頁より
図8　写真提供：著者
図9　写真提供：圓光寺
図10上　写真提供：朝日新聞社／ユニフォトプレス
図10下　写真提供：共同通信社／ユニフォトプレス
図11　Skelton, R. E., & de Oliveira, M. C. (2009). *Tensegrity systems.* London, England: Springer. より
図12上　長山和亮・松本健郎（2013）「細胞のバイオメカニクス――組織再生に向けたメカノトランスザクションの理解とその制御」『人工臓器』第42巻第3号、205～206頁より
図12下　Ingber, D. E. (1998) The architecture of life. *Scientific American*, 278(1), 48-57.より

レクチャー4
生態光学――新しい視覚理論

図1　ジェームズ・J・ギブソン（2011）『視覚ワールドの知覚』新曜社、8頁より
図2　同書、82頁より
図3　同書、212～213頁より
図4　同書、97頁より
図5　J・J・ギブソン（1985）『生態学的視覚論――ヒトの知覚世界を探る』サイエンス社、64頁より
図6　佐々木正人（2015）『新版 アフォーダンス』岩波書店、46頁より
図7　同書、47頁より
図8　図版提供：著者
図9上左　鮫島大輔　Flatball 2015 No.05（2015）／Φ17cm／アクリル絵の具、アクリル樹脂
図9上右　鮫島大輔　Flatball 2018 No.02（2018）／Φ17cm／アクリル絵の具、アクリル樹脂
図9下　鮫島大輔　Flatball 2019 No.01（2019）／Φ17cm／アクリル絵の具、アクリル樹脂
図10A　J・J・ギブソン（1985）『生態学的視覚論――ヒトの知覚世界を探る』サイエンス社、75頁より
図10B　同書、78頁より
図11　佐々木正人（2015）『新版 アフォーダンス』岩波書店、48頁より
図12上　Turvey, M. T., *et al.* (1990) Links Between Active Perception and the Control of Action. *Synergetics of Cognition*, H.Harken and M. Stadler eds., Springer.より
図12下　Stoffregen, T. A. (1985) Flow structure versus retinal location in the optical control of stance. *Journal of Experimental Psychology: Human Perception and Performance* 11 (5), 554. より
図13　J・J・ギブソン（1985）『生態学的視覚論――ヒトの知覚世界を探る』サイエンス社、134頁より
図14　同書、135頁より
図16　同書、87頁より
図17　同書、87頁より
図18　J・J・ギブソン（2011）『生態学的知覚システム――感性をとらえなおす』東京大学出版会、192～205頁より

レクチャー5
面のレイアウト

図2　J・J・ギブソン（1985）『生態学

的視覚論——ヒトの知覚世界を探る』サイエンス社、180頁より
図3〜18　写真提供：著者
図19a　C・アレグザンダー他（1984）『パタン・ランゲージ——町・建物・施工　環境設計の手引』平田幹那訳、鹿島出版会、319頁より
図19b　同書、441頁より
図19c　同書、602頁より
図19d　同書、613頁より
図20　写真提供：著者

レクチャー6
エコロジカル——ダーウィンの発見

図2　Darwin, C. R. (1845) *JOURNAL OF RESEARCHERS INTO THE NATURAL HISTORY AND GEOLOGY OF THE COUNTRIES VISITED DURING THE VOYAGE OF H. M. S. BEAGLE ROUND THE WORLD.* Second Edition, London: John Murray, Albemarle Street. より
図6　チャールズ・R・ダーウィン（2013）『新訳 ビーグル号航海記 下』平凡社、242頁より
図9　森啓（1986）『サンゴ ふしぎな海の動物』築地書館、95頁より
図12　Edited by Paul. Barrett & R. B. Freeman, Advisor: Peter Gautery (2016) *The Works of Charles Darwin Vol. 12: A monograph of sub-class cirripedia;volumeII The balanidae part one* (The Pickering Masters) (English Edition), p.40, Fig.4-Fig.8. より
図13　写真提供：鳥羽水族館
図14　松谷茂（2018）「共進化：ダーウィンのランとその受粉媒介者スズメガとの関係」『呼吸』eレポート、第2巻第2号、100頁より
図15　同論文、101頁より
図16写真・左下イラスト　写真提供：ユニフォトプレス
図16右 イラスト　Edited by Paul. Barrett & R. B. Freeman, Advisor: Peter Gautery (2016) *The Works of Charles Darwin Vol. 17: The Various Contrivances by Which Orchids are Fertilised by Insects* (The Pickering Masters) (English Edition), p.7/9. より
図17イラスト　同書、p.32. より
図18イラスト　同書、p.36. より
図19写真左・右　写真提供：ユニフォトプレス
図19イラスト　Edited by Paul. Barrett & R. B. Freeman, Advisor: Peter Gautery (2016) *The Works of Charles Darwin Vol. 17: The Various Contrivances by Which Orchids are Fertilised by Insects* (The Pickering Masters) (English Edition), p.123. より

レクチャー7
ミミズの生態心理学

図1　チャールズ・ダーウィン（1994）『ミミズと土』平凡社、24頁より
図2　同書、109頁より
図3　皆越ようせい（2004）『ミミズのふしぎ』ポプラ社、14〜15頁、およびカバー裏より
図4　チャールズ・ダーウィン（1994）『ミミズと土』平凡社、126頁より
図5　同書、139頁より
図6　同書、169頁より
図7　"Earthwarm for sustanable agriculture" より
図8　イラスト提供：著者
図14　写真・イラスト提供：著者

［著者紹介］

佐々木正人（ささき・まさと）

1952年生まれ。生態心理学者。筑波大学大学院修（教育学博士）。早稲田大学助教授、東京大学大学院教授を経て、現在、多摩美術大学統合デザイン学科客員教授、東京大学名誉教授。著書に『あらゆるところに同時にいる』（学芸みらい社）、『新版アフォーダンス』（岩波書店）、『アフォーダンス入門』（講談社学術文庫）など、訳書にJ. J. ギブソン『生態学的知覚システム』（監訳、東京大学出版会）、E. J. ギブソン『アフォーダンスの発見』（共訳、岩波書店）などがある。

ヒューマン フィールドワークス

最新講義
アフォーダンス
地球の心理学

GAKUGEI MIRAISHA

2024年2月20日　初版発行

著　者　佐々木正人

発行者　小島直人

発行所　株式会社 学芸みらい社
〒162-0833 東京都新宿区箪笥町31番 箪笥町SKビル3F
電話番号：03-5227-1266
HP：https://www.gakugeimirai.jp/
E-mail：info@gakugeimirai.jp

印刷所・製本所　シナノ印刷株式会社

装幀／目次・章扉デザイン　芦澤泰偉＋明石すみれ

本文デザイン　吉久隆志・古川美佐（エディプレッション）

落丁・乱丁本は弊社宛お送りください。送料弊社負担でお取り替えいたします。

ISBN978-4-86757-041-8 C0011

〔学芸を未来に伝える〕 学芸みらい社　好評既刊

佐々木正人 著　【シリーズ】みらいへの教育 みらいへの教育 Education for the Future

あらゆるところに同時にいる

アフォーダンスの幾何学

A5判並製／256頁　定価：本体2,500円＋税
ISBN 978-4-909783-12-7

誰も踏み込めなかった アフォーダンスの核心。

「あらゆるところに同時にいる。それが知覚の本質だ」——。生態心理学の創始者、ジェームズ・ギブソンがたどり着いた究極の思考を、面・光・遮蔽・肌《キ》理《メ》がつくりあげる「自然の幾何学」として読みとく。

【目次より】

【内容紹介——「序」より】　本書は「あらゆるところに同時にいる」という謎への、わたしなりの一歩である。意識、記憶、身体など、ヒトについて考える時に、はずせないテーマを扱っている。また、チャールズ・ダーウィン、ミルトン・エリクソン、フレデリック・ワイズマン、ジェームズ・タレル、田中小実昌、大野一雄など、パーセプションについての、息の長い仕事の数々にふれた章もある。いずれも、「あらゆるところに同時にいる」というタイトルにつながっている。ここに書いた「自然の幾何学」からの眺めが、本書の全体に秩序を与えて、読みやすい一冊になることを期待している。

〔学芸を未来に伝える〕 学芸みらい社 好評既刊

河本英夫 著

【シリーズ】ヒューマンフィールドワークス 第2弾

ダ・ヴィンチ・システム

来たるべき自然知能のメチエ

A5判並製／216頁 定価：本体2,200円＋税 ISBN 978-4-909783-97-4

いまだ解明されていない
ダ・ヴィンチの感覚と知の構想を
膨大なデッサンと手稿群から
鮮やかに描きだす。

【目次より】

【内容紹介】――ある稀な柔弱さの中の謎めいた深さと奥行き。そこに絶後の才と業がある――

「人間」の可能性を拡張する哲学的ダ・ヴィンチ論の誕生。

「私は言葉からではなく、自然から学ぶ」と語り、飛翔する鳥、洪水、回転式飛行機、人体解剖図など多彩なテーマでデッサンを描き、詳細な観察記録を残したレオナルド・ダ・ヴィンチ――。
自然界におびただしく存在する、人間の言語とは異なる論理と仕組みに踏み込む学習の仕方を求め、運動と変化の中に「その物の個体性（そのものらしさ）」を探ったダ・ヴィンチの自然知能のメチエ＝「ダ・ヴィンチ・システム」の構想を、オートポイエーシス論の第一人者が読みとく。